Küpper/Braam · Pferde-Training an der Longe

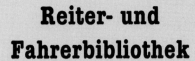
Reiter- und Fahrerbibliothek

Sabine Küpper/Hans Braam

Pferde-Training an der Longe

Einbandgestaltung: Anita Ament

Titelfoto: Sabine Stuewer

ISBN 3-275-01224-X

Copyright © 1997 by Müller Rüschlikon Verlags AG,
Gewerbestraße 10, CH - 6330 Cham

2. Auflage 1999

Nachdruck, auch einzelner Teile, ist verboten. Das Urheberrecht und
sämtliche weiteren Rechte sind dem Verlag vorbehalten. Übersetzung, Speicherung,
Vervielfältigung und Verbreitung einschließlich Übernahme auf elektronische
Medien wie Bildschirmtext, Internet usw. sind ohne vorherige schriftliche
Genehmigung des Verlages unzulässig und strafbar.

Fotos im Innenteil: Sabine Küpper
Zeichnungen: Christine Abée
Lektorat: Carola Nowak
Herstellung: Hermann Lambrecht
Satz: FIBO Lichtsatz GmbH, D-80337 München
Druck und Bindung: Wilhelm Röck, Graph. Betriebe,
D-74183 Weinsberg
Printed in Germany

Inhalt

Die Grundausbildung	7
● Der tägliche Umgang mit dem Pferd	7
● Gezieltes Lernen	9
● Haben Sie Ihr Pferd heute schon gelobt?	10
● Die Grundausbildung an der Hand	12
● Die Ausrüstung	20
● Seitengänge – nicht nur was für Dressurkünstler	21
● Mit Spiel und Spaß gegen Angst und Desinteresse	26
● Freilaufen – Freiheit in Grenzen	31
● Das Anlongieren	33
Die Grundlagen der Longenarbeit	38
● Die Grundgangarten	38
● Die Ausrüstung	40
● Junge Pferde auf die Longe vorbereiten	43
Das Training an der Longe	48
● Longieren mit Kappzaum	48
● Longieren mit Trense	51
● Longieren auf der Kreisbahn	52
● Das Longieren junger Pferde	55
● An der Longe richtig einwirken – aber wie?	57
● Longenarbeit mit dem ausgebildeten Pferd	61
● Anspruchsvolles Longieren	63
● Cavaletti-Arbeit auf dem Zirkel	65
● Besondere Longiertechniken	66
● Hilfszügel	67

Die Grundlagen der Doppellongen-Arbeit 70
- Die Doppellonge – Vorteile und Tücken 70
- Gewöhnung des Pferdes an die Leinen 72
- Die allgemeine Hilfengebung 75
- Der Einstieg in die Doppellongen-Arbeit 82
- Wie halte ich die Doppellonge? 83
- Verschiedene Lektionen an der Doppellonge 93
- Das ungerittene Pferd an der Doppellonge 102

Weiterführende Literatur 107
Sachregister 108

Die Grundausbildung

Der tägliche Umgang mit dem Pferd

Was hat der tägliche Umgang mit dem Pferd in einem Buch über das Training an der Longe zu suchen? Diese Frage ist ganz einfach zu beantworten: Eine vernünftige Pferdeerziehung und -ausbildung ist ohne den überlegten, artgemäßen Umgang mit dem Tier überhaupt nicht möglich. Die Art und Weise, auf die Sie sich Ihrem Pferd nähern, und der erste Eindruck, den Ihr Pferd von Ihnen erhält, sind so wichtige Aspekte, daß die ganze Zusammenarbeit davon geprägt wird. Deshalb müssen Sie den Umgang mit Ihrem Pferd bewußt gestalten.

Wenn Sie ein Pferd ausbilden möchten, müssen Sie ihm gegenübertreten wie ein Lehrer dem Schüler.

Bevor Sie Ihr Pferd an der Longe trainieren können, müssen Sie es anständig erziehen. Dazu gehört es auch, daß Ihr Roß unangebunden stehenbleibt.

Eine gleichberechtigte Partnerschaft ist hier völlig fehl am Platz, denn sie wird vom Pferd nicht verstanden. Schließlich ist es von Natur aus an eine strenge hierarchische Ordnung innerhalb der Herde gewöhnt.

Ein Beispiel: Beim Putzen giftet Ihr Pferd Sie mit zurückgelegten Ohren an. Ein solches Verhalten dürfen Sie nicht einfach hinnehmen. Ihre Nachgiebigkeit würde das Pferd nämlich nicht als Güte oder Freundlichkeit auslegen, sondern als Schwäche. Bei einem schwachen Menschen wird es sich aber niemals sicher fühlen. Es müßte dann also alle Ihre Entscheidungen und Anordnungen in Frage stellen und würde folglich in einer ständigen Anspannung leben, die es leicht mürrisch und aggressiv oder ängstlich und nervös werden ließe.

Ähnliche Auswirkungen hat es, wenn man sich im Umgang mit Pferden inkonsequent verhält. Ein Pferd kann nicht verstehen, warum es für ein und dasselbe Verhalten einmal bestraft wird und ein anderes Mal nicht. Inkonsequenz ist ein ebenso großer Fehler wie ungerechtfertigtes oder unterlassenes Strafen. Viele Pferdebesitzer führen in diesem Zusammenhang an, ihre Liebe zum Pferd verböte es ihnen, das Roß zu strafen. Klar – wer Pferde nicht liebt, sollte sich besser eine andere Freizeitbeschäftigung suchen. Wirkliche Liebe zum Pferd verpflichtet uns aber, die Tiere so zu erziehen, daß wir und alle anderen problemlos mit ihnen umgehen können, Ausritte nicht auf einer Kühlerhaube enden und das Pferd nicht mit acht Jahren beim Abdecker landet, weil es immer, wie es nun einmal seine Art ist, auf der Vorhand latschen durfte. Der Irrglaube, eine gleichberechtigte Partnerschaft mit Pferden sei möglich, hat schon viele Rösser und so manchen Reiter ins „frühe Grab" gebracht.

Die Grundlage der erfolgreichen Pferdeerziehung ist gegenseitiges Vertrauen. Jede unfaire Behandlung oder Überforderung ist ein Vertrauensbruch, den man nicht wieder gutmachen kann. Dabei ist es leider egal, ob die Ungerechtigkeit mutwillig oder unabsichtlich erfolgte. Wenn Ihr Pferd Zweifel an Ihrer Autorität hat, wird es Sie immer wieder testen und versuchen, sich durchzusetzen. Noch ein Beispiel: Sie gehen in die Box, und Ihr Pferd dreht Ihnen das Hinterteil zu. Nun denken Sie sich nichts Böses und versuchen, an seinen Kopf heranzukommen. Es weicht Ihnen wieder aus. Sie probieren das eine Zeitlang, sehen Ihr Pferd aber ständig nur von hinten. Wenn Sie nun aufgeben, haben Sie genau an diesem Punkt Ihre Autorität verloren.

Wie aber kann man den Ausweg aus einer solchen Situation finden? Da gibt es verschiedene Möglichkeiten. Bei einem ängstlichen Pferd führt es

> **Mit Geduld zum Ziel**
>
> Eigentlich ist es ganz einfach: Man geht zum Beispiel auf die Weide, um sein Pferd zu holen – und man kommt auch mit seinem Pferd zurück. Punktum! Wie lange das unter Umständen gedauert hat, steht auf einem anderen Blatt. Bei einem Problempferd dauerte es einmal acht Stunden, bis wir ihm eine Möhre geben konnten. Es geht nicht darum, im Handumdrehen gigantische Erfolge zu erzielen. Wichtig ist nur, daß Sie Ihr kleines, realistisch gestecktes Ziel auch erreichen. Und dafür brauchen Sie eben manchmal sehr viel Geduld ...

vielleicht zum Erfolg, wenn man sich an die Krippe setzt und eventuell mit ein bißchen Futter lockt. Mit dieser Strategie kommt man bei einem eher aggressiven und dominanten Roß nicht weiter. Hier muß man Stärke ausstrahlen und dem Pferdekopf ruhig, aber konsequent so lange folgen, bis das Pferd ihn einem freiwillig entgegenhält. Aber seien Sie vorsichtig: Wenn Sie nicht sicher sind, ob Sie genug Autorität ausstrahlen oder wenn Sie im Innersten Ihres Herzens doch Angst vor den Hinterbeinen des Pferdes haben, kann dieses Unternehmen schnell gefährlich werden.

Gezieltes Lernen

Viele Reiter machen sich keine Gedanken darüber, wie ein Pferd eigentlich lernt. Sie glauben, daß sie eine Übung nur oft genug wiederholen müssen, dann wird sie sich schon irgendwann im Bewegungsrepertoire des Pferdes festsetzen. Dem ist auch so – aber bis man sein Ziel auf diesem Weg erreicht hat, hat sich das Pferd zu Tode gelangweilt und verhält sich völlig phlegmatisch oder ist beim Versuch, es dem Menschen recht zu machen, völlig verzweifelt. Dabei kann man sich die Arbeit sehr viel leichter machen, indem man das Trainingsprogramm richtig aufbaut. Das heißt: Man fängt mit einer Übung an, die das Pferd im Schlaf beherrscht, und steigert den Schwierigkeitsgrad dann in kleinen Schritten.

Setzen Sie aber Ihr Tagespensum nicht zu hoch an, sonst ist das Unternehmen von vornherein zum Scheitern verurteilt. Geben Sie sich lieber mit kleinen Erfolgen zufrieden, statt an großen Herausforderungen zu verzweifeln, und bleiben Sie flexibel! Wenn Ihrem Pferd eine Lektion nicht gelingt, obwohl es sich sehr bemüht, dann gehen Sie besser erst einmal an eine andere Aufgabe heran. Vielleicht fällt ihm eine ähnliche Übung leichter.

Haben Sie Ihr Pferd heute schon gelobt?

Wenn man Pferde ausbilden will, muß man sich vorher mit dem Thema Motivation auseinandersetzen. Wie machen Sie Ihrem Tier verständlich, daß die eine Reaktion erwünscht und die andere unerwünscht ist? Für einige Ausbilder ist dies ganz klar: Tut das edle Roß nicht das, was es soll, so wird es bestraft. Aber wie sehen die Strafen aus? Oft erhält das Pferd entweder einen Schlag mit der Gerte oder einen Tritt mit dem Absatz, manchmal noch unterstützt vom Sporn – oder der Reiter rupft am Zügel. Diese Methoden gelten als bewährt, und unsere Reitschulen sind voll von Pferden, die auf diese Art zum „Funktionieren" gebracht werden.

Aber bei all diesen Strafen handelt es sich letztlich um verstärkte Hilfen. Gehen wir zu sorglos damit um, so stumpft unser Vierbeiner immer weiter ab und verliert mit der Zeit seine Kooperationsbereitschaft. Denn egal, was das Pferd auch tut, der Reiter haut ihm in jedem Fall die Unterschenkel in die Seite – mal stärker und mal weniger stark. Wie soll es sich noch für solche Signale interessieren? Unsere Verständigungsmöglichkeiten mit Pferden sind aber nun mal sehr begrenzt. Und was tun wir, wenn unser Roß eines Tages nicht mehr reagieren möchte – egal, wieviel wir auch treten oder zerren?

Loben – aber wie?

Woraus besteht eigentlich ein Lob? Da gibt es einmal die Möglichkeit, das Pferd mit der Stimme zu loben, indem man in anerkennendem Tonfall zum Beispiel „Brav!" oder „Gutes Mädchen!" sagt. Man kann das Pferd auch streicheln, tätscheln, klopfen oder kraulen. Für eine leidenschaftliche Umarmung können sich allerdings nicht alle Pferde erwärmen. Viele Rösser betrachten diese menschliche Angewohnheit mit Argwohn, und nur wenige freuen sich darüber. Aber ein Lob kann auch darin bestehen, daß man sich nach einer schwierigen Übung die Zügel aus der Hand kauen läßt, und manche Pferde freuen sich, wenn sie nach einer Aufgabe, die ihre volle Konzentration erforderte, einfach mal galoppieren oder traben dürfen.

Das Lob wird beim Streben nach Perfektion meist vergessen, oder es findet am Ende der Arbeit im Übermaß statt – aus schlechtem Gewissen, weil man es während des Reitens so oft vergessen hat. Also lobt man zu einem Zeitpunkt, zu dem das Pferd überhaupt nichts damit anfangen kann.

Fragen Sie sich einmal, was Sie durch ein Lob zur falschen Zeit kaputtmachen. In den meisten Fällen gar nichts. Lobt man einmal unangebracht, dann kann es passieren, daß sich das Pferd etwas falsch einprägt. Dann braucht man eben am nächsten Tag etwas länger, um herauszukristallisieren, was richtig und was falsch ist.

Was passiert aber, wenn man falsch straft? Dazu ein Beispiel: Der Isländer einer Freundin von uns war sehr kooperativ und ließ sich mit kleinen Signalen reiten. Als er einmal unter einer unerfahrenen Reiterin sechs Schritte rückwärts gehen sollte, hörte er schon nach dem fünften Schritt auf. Daraufhin wurde er nicht gelobt, sondern mußte die Aufgabe wiederholen. Diesmal ging er zwar sechs Schritte zurück, aber nicht gerade, sondern schief. Sie ahnen, worauf wir hinauswollen: Ein Pferd, das anfangs sehr willig schon auf die kleinsten Hilfen einen Schritt zurück ging, hatte am Ende der Stunde völlig die Lust verloren und war auf dem besten Weg, ernsthaft sauer zu werden. Andererseits: Was wäre passiert, wenn die Reiterin den Isländer schon beim erstenmal gelobt hätte? Ihm wäre dann klar gewesen, daß er auf dem richtigen Weg ist, und beim nächstenmal wäre sicher auch der sechste Schritt noch hinzugekommen. Deshalb: Im Zweifelsfall immer loben! Dabei ist es besonders wichtig, daß das Lob unmittelbar nach einer gelungenen Übung erfolgt.

Wir haben immer wieder festgestellt, daß viele Menschen die Problembereiche ihrer Pferde sehr persönlich nehmen. Geht ein Pferd einmal nicht rückwärts oder verwechselt es die Hilfen zur Vorhandwendung mit denen zum Schenkelweichen, so wird ihm sofort unterstellt, es würde dies aus reiner Gemeinheit tun. Beim Lesen dieser Zeilen werden Sie vermutlich sofort einräumen, daß das nicht den Tatsachen entspricht. Aber wie oft hört man in der Reitbahn: „Die Ziege kann sich heute überhaupt nicht konzentrieren", oder: „Die Jessica will sich heute nicht biegen", oder: „Nestor will nicht rückwärts gehen" ...

Bitte keine Verbissenheit!

Vergessen Sie nie, daß Sie beim Umgang mit Ihrem Pferd, beim Longieren und beim Reiten eigentlich Freude haben möchten und auch haben können! Das sollten Sie und Ihr Pferd spüren, man sollte es Ihnen anmerken – und wenn mal der Wurm drin ist: Ackern Sie nicht verbissen weiter, sondern machen Sie etwas anderes. Auch Sie dürfen mal einen schlechten Tag haben!

Wie oft sagt ein Reiter schon: „Bei mir klappt heute gar nichts. Ich sattle lieber ab und lasse mein Pferd nachher frei laufen." Statt dessen gehen wir davon aus, daß das Pferd die Schuld trägt – und wir können ja schließlich nicht einfach so aufhören, wenn heute nichts klappt. Also üben wir, was auch immer uns an diesem Tag so quälen mag, bis zum Erbrechen ... Und natürlich wird es dadurch nicht besser, sondern immer schlimmer. Wir verkrampfen uns, das Pferd tut infolgedessen das gleiche, nichts paßt mehr zusammen, und am Ende der Stunde ist die Katastrophe komplett. So setzt man bereits erreichte Erfolge wieder aufs Spiel.

Die Grundausbildung an der Hand

Wer heute viel Wert auf eine solide Grundausbildung an der Hand legt, wird leicht als Spinner abgetan. Dabei ist eine gute Basisschulung immer Gold wert. Pferde, die sich bei der Bodenarbeit durch ein Zupfen am Halfter sanft dirigieren lassen, werden auch unter dem Sattel leicht und sensibel reagieren.

Die Grundausbildung an der Hand wird aber gerade von Profi-Ausbildern allzuoft vernachlässigt, denn sie werden schließlich fürs Reiten bezahlt und nicht fürs Führen. Es ist ohnehin sinnvoller, wenn der spätere Besitzer und Reiter die Bodenarbeit übernimmt. Denn dabei wird das Pferd auf diesen einen Menschen, auf seine Körpersprache und seine Stimme geprägt. Reiter, die mit ihrem Pferd an der Hand gearbeitet haben, können sein Verhalten viel besser einschätzen. Sie wissen die ersten Anzeichen von Angst, Widersetzlichkeit, Nervosität, Unlust und Langeweile zu deuten und können rechtzeitig gegensteuern. Bei der Arbeit an der Hand entsteht eine gegenseitige Vertrautheit, die sich beim Reiten, selbst wenn man sich noch so sehr bemüht, nicht so schnell einstellt. Außerdem ist der tägliche Umgang mit dem Pferd wesentlich unkomplizierter, wenn es ein vielseitiges Grundtraining absolviert hat.

Ein gutes Beispiel dafür ist das Anbinden: Sie binden Ihr Pferd an und erwarten ganz selbstverständlich, daß es ruhig steht. Das ist aber eher die Ausnahme. Viel häufiger sieht man Pferde, die hin und her treten, mit den Hufen scharren, nach anderen Pferden rufen, am Anbindestrick zerren und ungeduldig darauf warten, daß diese „Qual" endlich ein Ende hat. Viele Leute beantworten dieses Gequengel mit einem Peitschenhieb. Das ist aber sehr unfair, wenn man dem Pferd niemals beigebracht hat, auf Kommando ruhig zu stehen. Geduld ist auch bei Pferden eine Tugend, die sich in den meisten Fällen nicht von alleine einstellt, sondern gelernt werden muß.

Viele Ausbilder trainieren das ruhige Stehen, indem sie das Pferd einfach an einem sicheren Ort anbinden und es dort mehrere Stunden stehenlassen. Irgendwann wird es sich dann schon beruhigen ... Obwohl diese Methode bei vielen Pferden funktioniert, hat sie doch einen Nachteil: Selbst wenn das Pferd nach der „Tobphase" stehenbleibt, hat es noch lange nicht begriffen, um was es dem Menschen eigentlich geht. Es weiß nur, daß es langweilig wird, wenn der Mensch es holt und irgendwo festbindet.

Versuchen Sie, sich in die Lage Ihres Pferdes zu versetzen: Es wird von seinen Freunden im Stall oder auf der Weide getrennt, an irgendeinem Platz festgebunden – und dort soll es nun alleine stehenbleiben. Wenn das kein Grund zur Verzweiflung ist! Bedenken Sie, daß das Stillstehen für ein Pferd eigentlich etwas sehr Ungewohntes ist, denn in der freien Natur bleibt es nur dann für längere Zeit stehen, wenn es dösen oder schlafen möchte.

Ist Ihr Pferd ängstlich oder nervös, so können Sie ihm das Stillstehen erleichtern, indem Sie einen ruhigen Artgenossen ganz in der Nähe anbinden. Seine Gelassenheit wirkt oft ansteckend.

> **Erfolg durch Konsequenz**
>
> Wenn Sie sich entschlossen haben, mit Ihrem Pferd das ruhige Stehen zu üben, dann müssen Sie auch konsequent sein. Sie können nicht heute mit ihm trainieren und ihm das lästige Zappeln morgen wieder durchgehen lassen, weil Sie es eilig haben.

Führen üben

Wenn Sie sich fragen, warum Sie gerade so etwas Simples wie das Führen üben sollen, dann machen Sie doch einmal die Probe aufs Exempel. Gehen Sie mit Ihrem Pferd eine halbe Stunde im Wald spazieren. Bleiben Sie zwischendurch mal stehen, lassen Sie Ihr Pferd rückwärts treten und wieder losmarschieren, verkürzen Sie Ihre Schritte und verlängern Sie sie wieder – und wenn Ihr Pferd das alles ohne Probleme mitmacht und Sie ohne steife Schulter, Muskelkater in den Armen oder blaue Flecken an den Füßen nach Hause kommen, dann brauchen Sie das Führen nicht zu üben. Anderenfalls würden wir Ihnen das schon empfehlen.

Es wird zwar immer wieder gesagt und geschrieben, daß man beim Führen auf der Höhe der Pferdeschulter bleiben sollte, doch das hat sich als ausgesprochen unpraktisch erwiesen. In einer Pferdeherde geht das rangniedere Pferd auf Schulterhöhe des ranghöheren. So kann der Chef seine Untergebenen wesentlich besser lenken und – wenn es sein muß – auch mal abdrängen. Wenn Sie auf Schulterhöhe neben Ihrem Pferd hergehen, fordern Sie einen Machtkampf geradezu heraus. Das Führen ist wesentlich einfacher, wenn Sie sich auf Höhe des Pferdekopfes bewegen. Halten Sie ruhig einen halben Meter Abstand zum Pferd, so behindern Sie sich nicht gegenseitig.

Pro und contra Handschuhe

Obwohl wir lieber mit bestem Beispiel vorangegangen wären, verzichteten wir bei den Abbildungen in diesem Buch weitgehend auf Handschuhe. Der Grund: Der Verlauf von Strick und Leinen ist in der unverhüllten Hand besser zu sehen.

Generell ist die Verwendung von Handschuhen eine wichtige Schutzmaßnahme für den Ausbilder. Gerade noch junge und somit oft ungestüme Rösser oder Korrekturpferde können einem den Strick oder die Longe trotz größter Aufmerksamkeit durch die Hand ziehen – böse Verletzungen können die Folge sein.

Es hat aber durchaus auch Vorteile, mit „nackten" Händen zu arbeiten. Handschuhe, egal aus welchem Material, verbessern zwar die Griffigkeit, beeinträchtigen aber auch das Gefühl in den Händen.

Letztlich bleibt es also Ihnen überlassen, ob Sie sich für oder gegen das Tragen von Handschuhen entscheiden. Hat man sich diese Schutzmaßnahme zur Gewohnheit gemacht, so fällt der Gefühlsverlust mit der Zeit nicht mehr so ins Gewicht – vor allem dann, wenn man sich vor dem Kauf der Handschuhe fachkundig beraten läßt und mit verschiedenen Modellen „Greifproben" macht. Wer nicht viel Erfahrung bei der Ausbildung von Pferden hat, sollte auch daran denken, daß er sein Pferd durch Fehler in der Hilfengebung leichter mal zum Davonstürmen bringt, und deshalb besonders auf den Schutz seiner Hände achten.

Stehenbleiben

So wichtige Befehle wie den zum Stehenbleiben sollten Sie mit einfachen Stimmkommandos wie etwa „Haaalt!" oder „Steh!" kombinieren. Für welches Wort Sie sich entscheiden, ist völlig gleichgültig – Sie müssen nur darauf achten, konsequent zu sein und immer dasselbe Kommando zu verwenden.

Unser Kommando lautet: „Und haalt!" Das „und" dient nur dazu, das Pferd aufmerksam zu machen. Es ist mit einer halben Parade beim Reiten vergleichbar. Der Befehl sollte selbstsicher und zuversichtlich klingen und nicht wie eine vorsichtige Anfrage. Parallel zu diesem Kommando zupfen Sie am Strick und bleiben stehen – im besten Fall tut Ihr Pferd dasselbe. Achten Sie darauf, daß Sie nicht am Strick ziehen, denn das provoziert Ihr Pferd nur, die Kräfte zu messen. Und dabei ziehen Sie immer den kürzeren.

Wenn Ihr Pferd nicht stehenbleibt, kann das verschiedene Gründe haben: Entweder es hat Sie nicht verstan-

Die Signale zum Anhalten: Stimmkommando, am Strick zupfen und selbst stehenbleiben

Sie können Ihrem Pferd den Weg versperren, indem Sie sich mit einer 180-Grad-Drehung vor seinem Kopf positionieren.

Leckerli zur Belohnung?

Pferde sind in der freien Natur circa acht bis 16 Stunden täglich mit dem Fressen beschäftigt – wie kann da ein Leckerli von Bedeutung sein? Tatsächlich bedeutet dem Pferd das bißchen Futter in der Regel gar nicht viel, doch genau hier beginnt das Problem. Stopfen Sie Ihrem Pferd ständig Leckerli ins Maul, nur weil es eben gerade neben Ihnen steht, dann ermutigen Sie es dazu, Sie immer mal wieder nach etwas Eßbarem abzusuchen und Sie anzubetteln. Bei Pferden, die dieses Verhalten zeigen, sollte man sich das Verteilen von Imbissen grundsätzlich verkneifen. Sie sind nämlich – wenn überhaupt – nur noch ein winziges Schrittchen vom Fordern entfernt. Das heißt: Gibt es mal kein Leckerli oder nicht genug davon und führt auch das Betteln nicht zum Erfolg, dann wird das Pferd ungnädig und droht dem Menschen, damit er weiß, was er zu tun hat. Hier sollte man die Gefahr auf gar keinen Fall unterschätzen und keinerlei Zwischenmahlzeiten verteilen!

Der Fehler liegt weder beim Pferd noch beim Leckerli, sondern beim Ausbilder. Wenn Ihr Pferd bei der Arbeit etwas richtig gemacht hat, dann loben Sie es – und wenn eine Übung besonders gut geklappt hat, dann können Sie auch einmal ein Leckerli geben. Durch das Loben zusammen mit dem Leckerbissen wird das Pferd motiviert: Es bekommt Lust, noch mehr richtig zu machen.

Futter kann bei der Arbeit mit Pferden etwas sehr Positives sein, wenn es dazu beiträgt, Angst und Verspannungen abzubauen. Vorsicht ist aber bei Hektikern geboten, die nicht ordentlich kauen und sich somit am Futter verschlucken können. Ihnen und Pferden, die zum Betteln neigen, sollte man nur im Ausnahmefall Leckerli geben.

Ein Pauschalrezept fürs Verteilen oder Nichtverteilen von Leckerli gibt es also nicht – aber wenn Sie merken, daß sich Ihr Pferd nicht mehr auf die Aufgabe konzentriert, sondern auf den nächsten Leckerbissen, dann wissen Sie, daß Sie etwas falsch gemacht haben ...

den, oder es möchte einfach weitermarschieren. Versuchen Sie nun auf gar keinen Fall, Ihren Ellenbogen gegen die Pferdeschulter zu stemmen – das zeigt selten die gewünschte Wirkung. Gehen Sie etwas vor dem Kopf Ihres Pferdes, und wenn Sie Ihr Kommando „Halt!" geben, schieben Sie sich mit einer 180-Grad-Wendung vor den Pferdekopf. So versperren Sie Ihrem Pferd den Weg.

Wenn Ihr Pferd trotzdem versucht, Sie über den Haufen zu rennen, müssen Sie die Aufgabe so gestalten, daß es keine andere Möglichkeit hat, als auf Ihr Kommando hin stehenzubleiben. Da gibt es viele Möglichkeiten: Oft hilft es, das Anhalten anfangs in einer Reitplatzecke zu üben. Oder Sie bauen mit Stangen, Cavaletti oder Hindernissen eine Gasse, in der das Pferd nicht an Ihnen vorbeikommt.

Hilfsmittel Gerte

Die Arbeit mit der Gerte ist nicht so leicht, wie sie auf den ersten Blick aussieht. Einerseits muß das Pferd die Gerte respektieren, andererseits darf es keine Angst davor haben. Der Einsatz der Gerte ist also oftmals eine Gratwanderung. Wenn Ihr Pferd die Gerte als Ihren verlängerten Arm und nicht als Prügelstock kennt, können Sie dieses Hilfsmittel gut in Ihre Übungen einbauen.

Also zurück zur Aufgabe: Sie führen Ihr Pferd, und es möchte auf Ihr Kommando nicht anhalten. Dann können Sie die Gerte als eine Art Begrenzung vor den Pferdekopf halten. Dabei müssen Sie sie aber bewegen, damit Ihr Pferd sie auch sehen kann. Wenn Ihr Pferd stehengeblieben ist, sollten Sie es loben – und zwar sehr deutlich: Klopfen oder streicheln Sie ihm den Hals und sagen Sie ihm mit tiefer, einschmeichelnder Stimme nette Dinge. Falls Sie mit Leckerli arbeiten, wäre es jetzt an der Zeit, eines bereitzuhalten.

Merken Sie, daß Ihr Pferd nicht lange stehenbleiben möchte, so provozieren Sie keinen Ungehorsam, sondern lassen Sie es schnell wieder auf Kommando antreten, bevor es selbst auf die Idee kommt. In den meisten Fällen braucht man die Übung nur wenige Male zu wiederholen, bis das Pferd begriffen hat, worum es geht, und gerne mitmacht.

Wenn Sie die Gerte als Begrenzung vor den Pferdekopf halten, müssen Sie sie dabei bewegen, damit Ihr Roß sie auch wirklich sieht.

Antreten und Rückwärtsrichten

Natürlich soll Ihr Pferd auch auf Kommando antreten. Also geben Sie Ihren Befehl: „Scheeritt!" Gehen Sie los und berühren Sie, wenn Sie mit Gerte arbeiten, ganz leicht die Hinterhand. Denken Sie immer daran: Wie man in den Wald hineinruft, so hallt es heraus! Folglich sollten Sie Ihre Zeichen immer so fein wie möglich, aber so stark wie nötig einsetzen. Das ist nicht einfach, fördert aber das Zusammenwachsen von Pferd und Mensch.

Lassen Sie Ihr Pferd einige Schritte machen und dann wieder anhalten. Es wird sehr schnell dahinterkommen, was Sie wollen. Macht es auch im fortgeschrittenen Stadium, wenn es also genau weiß, um was es geht, immer einen oder gar mehrere Schritte zuviel, so richten Sie es rückwärts. Das bewerkstelligen Sie, indem Sie die Hand flach auf die Pferdebrust legen und mit der Daumeninnenseite (nicht mit dem Fingernagel) auf die Spitze des Schulterknochens drücken. Gleichzeitig geben Sie das Stimmkommando „Zuuurück!" und zupfen am Führstrick nach hinten. Das Rückwärtsgehen ist eine sehr wichtige Übung, denn indem Sie das Pferd vor sich weichen lassen, zwingen Sie es, Ihre Autorität anzuerkennen. Besonders dominante Pferde werden immer wieder versuchen, sich vor dieser unangenehmen Pflicht zu drücken. Gerade bei ihnen ist das Rückwärtsgehen aber unerläßlich, und man sollte es vor allem dann verlangen, wenn mal wieder alle Zeichen auf Sturm stehen.

Zum Rückwärtsrichten drücken Sie mit dem Daumen auf die Spitze des Schulterknochens.

Aufmerksamkeit fordern

Das Pferd muß sich Ihrer Schrittgeschwindigkeit anpassen. Das ist wichtig, sonst latscht es nur zufällig neben Ihnen her, ohne Sie und Ihre Zeichen zu beachten. Also sollten Sie, um die Aufmerksamkeit Ihres Pferdes auf sich zu lenken, Ihre Gehgeschwindigkeit ab und zu verändern. Machen Sie zwischendurch mal ganz kurze, langsame Schritte, und schreiten Sie dann wieder flott und weit aus. Ihr Pferd sollte sich dabei immer Ihrer Geschwindigkeit anpassen. Sie können es auch einmal mit einigen Schlangenlinien und Volten versuchen. Trotz der gesteigerten Anforderungen sollte Ihr Pferd immer den gleichen Abstand zu Ihnen halten und sich schon mit kleinen Signalen dirigieren lassen.

So können Sie die Übung abwechslungsreich gestalten und Ihr Pferd dazu zwingen, sich zu konzentrieren. Wenn das im Schritt gut klappt, können Sie Ihr Pferd natürlich auch mal traben lassen. Dabei gelten aber dieselben Grundregeln: Das Pferd muß auf Ihrer Höhe bleiben und sich ohne Probleme wieder zum Schritt durchparieren lassen.

Hat es die Aufgabe begriffen und führt es sie ruhig und gelassen aus, so können Sie zum nächsten Schritt übergehen: Das Pferd soll stehenbleiben, während Sie um es herumgehen.

Behalten Sie dabei den Strick in der Hand, und beobachten Sie Ihr Pferd genau. Wenn es Anstalten macht, Ihnen zu folgen, bleiben Sie stehen und ermahnen es bestimmt, aber

---

Strick ist nicht gleich Strick

Das Angebot an Führ- und Anbindestricken für Pferde ist riesig. Welcher Strick ist aber nun der richtige?

Diese Frage können Sie im Grunde nur selbst beantworten. Entscheidend ist, daß Sie gut damit zurechtkommen. Manche Leute bevorzugen die dicken, schweren Baumwollstricke. Anderen sind sie zu unhandlich – vor allem Frauen mit kleinen Händen liegen die üblichen Anbindestricke aus Kunstfaser besser in der Hand.

Auch bei der Frage nach dem Haken scheiden sich die Geister: Karabinerhaken oder Panikhaken? Immer wieder wird von Panikhaken berichtet, die unverhofft und ohne Anlaß aufgehen. Wir haben das noch nie erlebt – dafür kennen wir Fälle, in denen sich der Panikhaken auch in größter Not aus unerfindlichen Gründen nicht öffnen ließ. Auch ein Panikhaken ist also kein Sicherheitsgarant. Deshalb sollten Sie – egal, für welche Strick- und Hakenvariante Sie sich entscheiden – immer ein scharfes Messer griffbereit haben, damit Sie den Strick im Notfall durchschneiden können.

Anfangs sollten Sie den Strick in der Hand behalten, während Sie um Ihr Pferd herumgehen. Später können Sie ihn auch auf den Boden fallen lassen.

Welcher Abstand ist richtig?

Bei allen Übungen, die Sie vom Boden aus mit Ihrem Pferd trainieren, sollten Sie auf einen Sicherheitsabstand achten. Er ist natürlich von der Größe Ihres Pferdes und damit von der Reichweite seiner Hufe, aber auch von Ihrer Körpergröße abhängig, denn Sie möchten ja auch noch an Ihr Pferd heranreichen. Die eigene Armlänge ist ein gutes Maß.

Wenn Sie sehr klein sind oder Ihr Pferd sehr groß ist, sollten Sie gerade bei problematischen Pferden auf jeden Fall immer eine Gerte als Zeichengeber verwenden. Ein größerer Abstand hat außerdem den Vorteil, daß Ihr Pferd Sie besser sehen kann. Wenn Sie sich ganz nah am Pferdekörper positionieren, befinden Sie sich im toten Winkel, und Ihr Pferd kann nur ahnen, wo Sie gerade sind und was Sie vorhaben.

Ihr Arm ist ein gutes Maß für den richtigen Abstand zum Pferd.

freundlich. Nun weiß Ihr Pferd genau, was Sie von ihm erwarten, wenn Sie es irgendwo anbinden und „Haalt!" sagen.

Die Ausrüstung

Eigentlich brauchen Sie für diese Übungen nur ein passendes Halfter und einen stabilen Strick. Damit arbeiten wir in dieser Phase der Ausbildung auch am liebsten. Wenn Sie allerdings Probleme haben, Ihr Pferd am Halfter beispielsweise vom Stall auf die Weide zu führen, dann sollten Sie die Ausrüstungsgegenstände benutzen, mit denen Sie sich Ihrem Pferd gegenüber sicher fühlen. Denn Sie wollen und sollen ja Autorität ausstrahlen.

Wenn Ihnen die Basisausrüstung nicht ausreicht, würden wir ein Halfter mit Kette der Trense vorziehen. Sobald die ersten Übungen problemlos gelingen, sollten Sie sich aber überlegen, ob Sie jetzt nicht auf sanftere Hilfsmittel umsteigen können.

Seitengänge – nicht nur was für Dressurkünstler

Wie wünscht man sich als Reiter sein Pferd? Sensibel und kooperativ soll es sein und schon auf die minimalsten Hilfen reagieren. Ja, von so einem rittigen Pferd träumt jeder ...
Doch die Realität sieht anders aus: Immer wieder werden den Pferden

Wenn Sie eine Gerte benutzen, um Ihr Pferd zum Herumtreten zu bewegen, dürfen Sie es damit nur antippen.

Halfter und Kette

Es gibt mehrere Möglichkeiten, die Kette durch ein Halfter zu ziehen. Bewährt hat sich die folgende Verschnallung: Erst fädeln Sie die Kette durch den linken Halfterring, dann führen Sie sie einmal um den Nasenriemen herum und ziehen sie anschließend erst durch den rechten und dann durch den unteren Halfterring. Zuletzt klinken Sie den Haken so in die Kette ein, wie es auf der Zeichnung gezeigt ist.

Empfindsamkeit und Sensibilität schon auf der Stallgasse ausgetrieben. Auch Reiter, die im Sattel vollendete Harmonie anstreben, knuffen, drücken und boxen ihr Pferd im Stall, nur damit es mal mit der Hinterhand herumgeht. Da wird der Ellenbogen in die Seite gerammt, als ginge es darum, einen schweren Schrank beiseite zu rücken.

Wenn solche Pferde unter dem Sattel trotzdem noch fein und leicht reagieren, handelt es sich wirklich um Ausnahmeerscheinungen.

Deshalb sollte man einmal ganz sachlich analysieren, wie man sich seinem Pferd gegenüber am Boden verhält. Sind Sie da auch so feinfühlig, wie Sie das von Ihrem Roß unterm Sattel verlangen? Um es ganz deutlich zu machen: Überlegen Sie einmal, welche Übung Sie von Ihrem Pferd verlangen, wenn es auf der Stallgasse herumtreten soll. Es ist eine Vorhandwendung! Diese Übung ist also das erste, was Sie Ihrem Pferd ganz unproblematisch vom Boden aus beim täglichen Putzen beibringen können.

Die Vorhandwendung

Bei dieser Übung muß sich das Pferd mit den Hinterbeinen um seine Vorderbeine bewegen. Am einfachsten können Sie ihm dieses Bewegungsmuster beibringen, indem Sie seinen Vortritt durch einen Anbindebalken begrenzen. Suchen Sie sich einen relativ ruhigen Übungsplatz und binden Sie Ihr Pferd so an, daß es den Kopf zu Ihnen herumdrehen und sich in einem kleinen Rahmen noch bewegen kann.

Nun stellen Sie sich an die Flanke Ihres Pferdes und tippen es dort mit einem Finger an. Da die meisten Pferde an dieser Stelle sehr empfindlich sind, wird Ihr Roß vermutlich sofort herumtreten.

Tritt Ihr Pferd mit einem Hinterbein zur Seite, so wird es ausgiebig gelobt. Reagiert es auf Ihr kleines Zeichen nicht, müssen Sie es noch einmal versuchen. Denken Sie immer daran: Sie geben ein Signal. Sie können es zwar stimmlich unterstützen, aber Sie sollten keine Kraft aufwenden.

Sie können dem Pferd helfen, Ihr Zeichen zu verstehen. Dazu stellen Sie sich etwas weiter nach vorne und drehen den Pferdekopf leicht zu sich herum. Dabei muß sich das Pferd biegen – was den meisten Rössern ein bißchen lästig ist, so daß sie lieber mit den Hinterbeinen herumtreten.

Später kann man das Ganze auch etwas eleganter angehen und eine Gerte zur Hilfe nehmen. Auch hier sollten Sie sich anfangs eine Begrenzung wie einen Zaun oder eine Hecke suchen. Wenn Ihr Roß ruhig steht, begeben Sie sich auf Höhe seiner Schulter und legen die Gerte an der Kruppe an. Denken Sie aber auch hier daran, daß Die Ihr Pferd nur antippen und auf keinen Fall schlagen! Damit würden Sie nur eine Abwehrreaktion provozieren – es würde gegen die Gerte drängen oder gar danach schlagen. So setzt man die schon errungenen Erfolge durch Dummheit aufs Spiel.

Oft bekommt man an diesem Punkt von den Leuten zu hören: „Mein Pferd ist aber nicht so sensibel, da muß ich schon etwas fester zupacken!" Ist Ihr Pferd wirklich nicht so empfindlich, dann müssen Sie sich um so mehr bemühen, seine Sensibilität zu steigern. Wiederholen Sie das Antippen so lange, bis Ihr Pferd reagiert. Dann müssen Sie es sofort und ausgiebig loben.

Denken Sie daran, daß sich auch die Vorderbeine auf der Stelle mitbewegen müssen. Die Übung würde gänzlich falsch verstanden und ist sogar schädlich, wenn das Roß seine Beine in den Boden rammt und nur in den Gelenken dreht. Lassen Sie also gerade am Anfang auch kleinere Schritte der Vorhand zu.

Später üben Sie das Ganze auch noch von der anderen Seite. Seitliche Bewegungen verlangen vom Pferd eine gute Balance und körperliche Gewandtheit – Fähigkeiten, die erst einmal gelernt und geübt werden müssen. Daher ist es für das Pferd viel einfacher, diese Bewegungen zunächst ohne Reiter auszuführen. Das Gewicht, gerade von ungeübten Reitern, irritiert die Pferde in vielen Fällen nur.

Die Hinterhandwendung

Hinterhandwendungen sind zwar etwas komplizierter, aber auch nicht so schwer, wie viele Leute meinen. Für diese Übung, bei der das Pferd mit den Vorderbeinen um die Hinterhand herumtreten soll, suchen Sie sich am besten eine Begrenzung wie einen Zaun, eine Hecke oder auch ein Hindernis. Stellen Sie Ihr Pferd

Setzen Sie Ihre Körpersprache gezielt ein: Sie können Ihr Pferd zum Rückwärtstreten auffordern, indem Sie mit energischen Schritten auf es zugehen.

parallel zu dieser Begrenzung hin und positionieren Sie sich dann gerade vor seinem Kopf. Gehen Sie nun einen Schritt in die Richtung, in die sich auch Ihr Pferd drehen soll. Kreuzen Sie dabei ruhig die Beine und lassen Sie sie gekreuzt stehen. Pferde beachten unsere Körpersprache stär-

Wenn Sie die Hinterhandwendung an einer Begrenzung üben, kann Ihr Pferd nicht rückwärts ausweichen.

ker, als wir im allgemeinen denken. Tippen Sie mit der Gerte jetzt leicht an die Schulter, die zur Seite weichen soll. Macht das Pferd einen Schritt in die richtige Richtung, so wird es ausgiebig gelobt. Ansonsten bringt man das Pferd erneut in die Ausgangsposition und versucht es wieder.

Den meisten Pferden fallen die ersten Schritte relativ leicht, danach neigen sie oft dazu, rückwärts zu gehen. Aber verzweifeln Sie nicht! Wenn Ihr Pferd einmal begriffen hat, daß es vor der Gerte weichen soll, ist der Rest nur noch eine Frage der Übung und der Körperbalance.

Die Volltraversale

Für diese Übung stellen Sie sich dicht vor den Pferdekopf, um so einen möglichst stark bremsenden Einfluß auszuüben. Dann legen Sie die Gerte längs flach an den Körper des Pferdes, und zwar auf mittlerer Höhe. Wenn Ihr Pferd sensibel ist, wird es nun wie von selbst einen Schritt zur Seite treten. Beachtet es Ihr Zeichen nicht, dann müssen Sie Ihr Pferd dazu bringen, daß es die Gerte wahrnimmt. Dazu nehmen Sie die Gerte noch einmal weg, halten sie in einem Abstand von etwa einem Meter zum Pferd und bewegen sie, bis Ihr Pferd sie bemerkt hat. Anschließend legen Sie die Gerte noch einmal an. Sie können auch ein Stimmkommando geben, zum Beispiel „Zur Seite!" oder was immer Sie mögen.

Wenn Ihr Pferd auch nur einen klitzekleinen Schritt zur Seite macht und selbst wenn es nur den Körper in die gewünschte Richtung lehnt, müssen Sie es sofort loben. Sie dürfen am Anfang nicht zu viel erwarten! Wenn Sie schon den richtigen Ansatz belohnen, wird Ihr Pferd freudig und motiviert mitarbeiten.

Es ist wichtig, daß Sie Ihr Pferd nicht überfordern. Sie sollten sich nicht vornehmen, heute die Vorhandwendung zu üben, morgen die Hinterhandwendung und am Wochenende dann das Schenkelweichen. Nehmen Sie sich Zeit und warten Sie, bis die Übungen sitzen und Sie sie jederzeit abrufen können.

Kreuzen Sie auch bei der Volltraversale die Beine vor Ihrem Pferd.

> **Erholung und Abwechslung**
>
> Sie sollten auch während der Arbeit an der Hand oft Pausen machen. Hat Ihr Pferd eine Aufgabe gut bewältigt, dann lassen Sie es einmal im Schritt um die Bahn gehen, so daß es sich entspannen kann. Legen Sie zwischendurch mal einen kleinen Trabspurt ein, und widmen Sie sich nach einer sehr schwierigen Übung einer Aufgabe, die Ihr Pferd auf jeden Fall beherrscht.
>
> Halten Sie die Bodenarbeit abwechslungsreich, damit sich Ihr Pferd nicht langweilt. So erziehen Sie sich Ihr Roß zu einem sensiblen und feinen Partner, der gerne und selbstverständlich mitarbeitet.

Mit Spiel und Spaß gegen Angst und Desinteresse

Warum ergänzen wir die Grundausbildung an der Hand durch die Arbeit in und an Trailhindernissen? Ganz einfach: weil Pferde dadurch, wie sie solche Aufgaben lösen und wie sie die Hilfestellung des Menschen annehmen, viel über ihren Ausbildungsstand verraten. In und an den verschiedenen Hindernissen können Sie als Ausbilder sehr leicht herausfinden, wo Ihr Pferd schon auf Ihre feine Körpersprache reagiert und wo es noch Schwierigkeiten hat. Auch mit wenig Aufwand kann man ganz unterschiedliche Anforderungen kreieren. Zu Beginn können Sie einfache Hindernisstangen in einem Abstand von jeweils 80 Zentimetern auslegen. Verwenden Sie aber nicht mehr als höchstens sechs Hölzer, sonst überfordern Sie Ihren Lehrling allzuleicht.

Wenn Sie Ihr Pferd an das Hindernis heranführen, sollte es den Kopf senken und sich die Stangen aufmerksam ansehen – sonst ist die Übung sinnlos.

Beugen Sie sich tief hinunter und weisen Sie Ihr Roß so auf die Fußangeln hin. Wenn es nun immer noch unaufmerksam über die Hölzer stolpert, können Sie auch etwas Futter zur Hilfe nehmen, damit es den Kopf senkt und die Stangen betrachtet.

Wenn Sie Ihr Pferd über die Stangen traben lassen möchten, müssen Sie die Abstände auf circa 1,20 bis 1,30 Meter vergrößern.

> **Bitte nicht drängeln!**
>
> Vergessen Sie auch in diesem neuen Ausbildungsabschnitt nicht, daß Sie das Tempo vorgeben und Ihr Pferd mit seinem Kopf auf Ihrer Höhe oder dahinter bleiben muß. Achten Sie auch auf den seitlichen Abstand, und erlauben Sie Ihrem Pferd nicht, gegen Sie zu drängeln.

Beherrscht Ihr Vierbeiner diese Übung und fängt er an, sich zu langweilen, dann variieren Sie die Höhe der Stangen. Anfangs reicht es völlig aus, wenn Sie zum Beispiel einen Ziegelstein oder einen Eimer unter das Stangenende schieben. Dabei müssen Sie natürlich darauf achten, daß das Pferd nirgendwo hängenbleiben oder sich verletzen kann.

Später können Sie die Höhe einzelner oder mehrerer Stangen auch mit Hindernisständern, Tonnen oder Heuballen verändern. Besonders für Pferde, die auf ebenen Weiden aufgewachsen sind, ist diese Übung ausgesprochen schwierig, aber auch sehr nützlich, denn sie verbessert ihre Trittsicherheit. Selbst die hartnäckigsten Stolperer lernen so, auf den Boden zu achten, Höhen und Abstände abzuschätzen und ihre Beine entsprechend zu heben. Sie müssen aber gerade am Anfang sehr geduldig sein und den Vierbeiner genau hinsehen lassen.

Selbstverständlich können Sie die Stangen auch nur auf einer Seite anheben oder die Abstände zwischen den Hölzern verändern. Lassen Sie Ihr Pferd zum Beispiel am Anfang einen kurzen Schritt machen und dann einen langen – oder umgekehrt.

Für Abwechslung können Sie auch sorgen, indem Sie die Stangen einmal fächerförmig um einen Hindernisständer herumlegen. Überraschen Sie Ihr Pferd und fordern Sie seine Aufmerksamkeit, indem Sie es immer wieder mit neuen Aufgaben konfrontieren!

Alle diese Lektionen sollten Sie von beiden Seiten ausführen. Sie stehen also einmal auf der linken und das andere Mal auf der rechten Seite des Pferdes. Das schult auch Ihre eigenen Fähigkeiten, auf beiden Händen zu arbeiten.

Sie sollten den Schwierigkeitsgrad der Übungen allerdings nur so weit steigern, daß Ihr Pferd noch Freude an der Arbeit hat. Wenn Sie merken, daß Ihr Schüler mit einem Hindernis Probleme hat, also entweder angespannt und nervös reagiert oder sogar schon abgeschaltet hat, müssen Sie sich wieder leichteren Aufgaben zuwenden.

Weniger ist oft mehr ...

Achten Sie bei allen Übungen darauf, daß die einzelnen Lektionen nicht zu lang werden. Überschätzen Sie die Konzentrationsfähigkeit Ihres Pferdes nicht, und hören Sie mit der Arbeit auf, wenn Sie merken, daß Ihr Vierbeiner nicht mehr aufmerksam mitmacht.

Ganz wichtig ist es, das Tagespensum immer mit einem Erfolgserlebnis zu beenden. Eine gelungene Übung zum Abschluß wirkt Wunder: Ihr Pferd wird das Training am nächsten Tag freudig und motiviert angehen.

Stangen-Viereck

Bei diesem Hindernis werden vier Stangen zu einem Quadrat ausgelegt. Damit läßt sich viel mehr machen, als man auf Anhieb denkt. Sie können Ihr Pferd zum Beispiel in das Quadrat hineinführen und es dort stehenlassen, während Sie es umrunden. Auch Vorhand- oder Hinterhandwendung lassen sich innerhalb dieses Vierecks gut üben. Außerdem können Sie Ihr Pferd seitlich über die Stangen treten lassen. Lassen Sie Ihrer Phantasie freien Lauf!

Stangen-L

Für dieses Hindernis werden vier Stangen in der Form eines L auf den Boden gelegt, indem man jeweils zwei Stangen parallel zueinander positioniert und die beiden Stangenpaare rechtwinklig aneinanderfügt. Der Zwischenraum sollte circa einen Meter betragen. Wenn Sie nicht den Fehler machen, Ihr Pferd einfach so hindurchlatschen zu lassen, lehrt das recht enge „L" Ihren Schüler, diszipliniert und gut koordiniert mitzuarbeiten.

Führen Sie Ihr Pferd zunächst langsam Schritt für Schritt vorwärts durch das Hindernis, damit es sich das „Ding" erst einmal ansehen kann. Versuchen Sie Ihrem Vierbeiner ganz deutlich zu machen, wie er sich durch das Stangen-L bewegen soll.

Anschließend können Sie das Pferd vorwärts in das „L" hineinführen und es rückwärts wieder hinaustreten lassen. Am Anfang fordern Sie das Rückwärtstreten nur auf der ersten Geraden. Später, wenn die Übung gut sitzt, lassen Sie Ihr Pferd auch rückwärts um die Ecke treten. Dabei muß es auch die Bewegungen von Hinterhand- und Vorhandwendung mit einbauen.

Wenn Ihr Pferd dabei einmal über die Stangen tritt, bestrafen Sie es nicht – das kann immer mal wieder passieren. Gehen Sie in diesem Fall ein paar Schritte vor, rücken Sie das Hindernis wieder zurecht, und beginnen Sie von vorne. Der Lernprozeß ist wichtiger als die korrekte Ausführung! Wenn Sie

Auch beim Stangen-L können Sie Ihr Pferd seitwärts über die Stangen treten lassen.

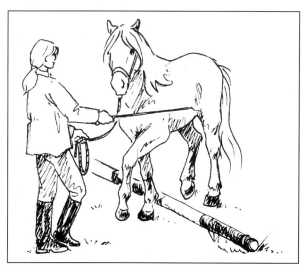

den Schwierigkeitsgrad noch weiter steigern möchten, können Sie Ihr Roß auch einmal seitlich über die Stangen treten lassen.

Labyrinth
Für dieses Hindernis braucht man mindestens sechs Stangen. Am Anfang sollten Sie die Hölzer noch relativ weit auseinander legen, später können Sie die Abstände dann verkleinern. Im Labyrinth muß sich das Pferd erst nach der einen Seite biegen, dann ein Stück geradeaus gehen und sich anschließend nach der anderen Seite biegen. Gehen Sie das Hindernis so langsam wie möglich an, am besten Schritt für Schritt – sonst wird das Pferd vielleicht versuchen, sich der Biegung zu entziehen. Leicht hektische Pferde werden bei diesem Hindernis langsamer und lernen, auf ihren Ausbilder zu achten. Faule und desinteressierte Vierbeiner kann man dagegen zur Wachsamkeit erziehen – besonders, wenn man sie immer wieder durch Lob und vielleicht auch Belohnung motiviert. Steife Pferde lernen hier ohne Reitergewicht, den Körper geschmeidig zu biegen, und bei Pferden mit unkoordinierten Bewegungen fördert das Labyrinth die Balance und Geschmeidigkeit, weil sie genau überlegen müssen, wohin sie welchen Fuß als nächstes setzen.

Sie können das Labyrinth später auch durchreiten – dabei muß Ihr Pferd genau aufpassen, daß es nicht gegen oder über die Stangen tritt.

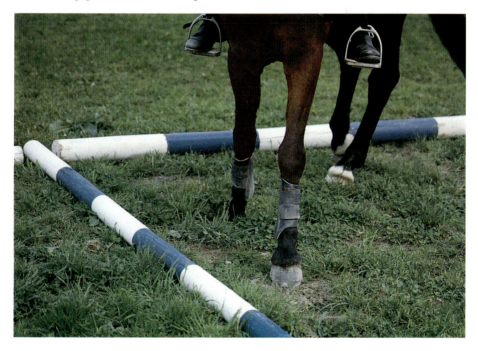

Bleibt Ihr Pferd vor der Wendung einfach stehen, tippen Sie mit der Gerte leicht das Bein an, das sich als nächstes bewegen muß. Versucht Ihr Schüler, die Kurve schnell und unaufmerksam hinter sich zu bringen, so müssen Sie ihn auf jeden Fall stoppen. Das Pferd sollte auf die kleinsten Bewegungen seines Trainers achten. Es soll lernen, geduldig und gleichzeitig aufmerksam zu sein. Wollen Sie den Schwierigkeitsgrad erhöhen, dann können Sie versuchen, Ihr Pferd rückwärts durch das Labyrinth zu lenken. Lassen Sie ihm dabei viel Zeit und loben Sie es ausgiebig, wenn es etwas richtig gemacht hat. Gerade am Anfang müssen Sie schon den ersten Ansatz der richtigen Idee erkennen und loben. Nur so kann Ihr Roß lernen und mit Freude bei der Sache sein.

Wenn es vom Boden aus gut klappt, können Sie das Labyrinth auch einmal durchreiten. So können Sie die Aufmerksamkeit und das gute Einverständnis, das Sie mit Ihrem Pferd erreicht haben, auch auf die Arbeit unterm Sattel übertragen. Sie sollten es auch einmal rückwärts versuchen, doch das verlangt mindestens so viel Koordination wie das Rückwärtseinparken in eine enge Parklücke.

Schreckgespenster

Wenn Sie Ihr Pferd gut kennen, werden Ihnen auch seine Ängste nicht verborgen geblieben sein. Die Gegenstände seiner Furcht wie beispielsweise Plastikplanen oder Wassergräben sollten Sie in die Bodenarbeit einbauen.

So können Sie eine Plastikplane anfangs in ein bekanntes Hindernis einbetten. Legen Sie das Unding zum Beispiel einfach unter ein Stangenviereck. Das hat zusätzlich den Vorteil, daß die Plane nicht allzusehr flattert.

Wie Sie nun beim erstenmal an dieses Hindernis herangehen, hängt stark vom Charakter und vom Temperament Ihres Pferdes ab. Wenn es sehr viel Angst hat, kann ein erfahrenes und zuverlässiges Führpferd wahre Wunder wirken, aber mit ein bißchen Geduld geht es auch ohne vierbeinigen Helfer.

Anfangs gehen Sie mit Ihrem Pferd nur im Kreis um die Plane herum und wechseln ab und zu die Richtung, damit Ihr Vierbeiner das Ding von allen Seiten betrachten kann. Loben Sie Ihren Angsthasen jedesmal, wenn er sich wieder einen Schritt näher herantraut.

Zieht Ihr Pferd panisch zurück, so reagieren Sie gar nicht, sondern führen es ruhig wieder an die Plane heran. Mit der Zeit wird der Kreis so eng, daß Sie irgendwann schon auf der Plane gehen, während Ihr Pferd noch nebenher laufen darf. So gewöhnt es sich schon einmal an die knisternden Geräusche und merkt, daß Sie keine Angst vor diesem Schreckgespenst haben. Bald wird es auch wagen, selbst einen Fuß auf die

Plane zu setzen. Seien Sie aber auf einen heftigen Satz gefaßt! Meistens versuchen die Pferde, solche unangenehmen Aufgaben so schnell wie möglich hinter sich zu bringen.

Steht Ihr Pferd endlich mit allen vier Beinen auf der Plastikplane, so können Sie ihm hier ein bißchen Futter geben. Bei sehr nervösen Pferden sollte man darauf allerdings besser verzichten, weil das Futter in der Hektik zu schnell abgeschluckt wird und so zu gesundheitlichen Problemen führen kann.

Auch diese Übung kann man natürlich beliebig variieren – zum Beispiel, indem man mal eine Plastikplane oder eine Regenjacke an einen Zaunpfahl hängt.

Mit dem Training an Wassergräben gibt es oft Probleme, weil sie sich meist im Gelände befinden und man die äußeren Umstände nur schlecht verändern kann. Trotzdem sollten Sie auf die gleiche Art und Weise vorgehen. Mit der nötigen Geduld werden Sie auch hier zum Erfolg kommen.

Freilaufen – Freiheit in Grenzen

Unsere Pferde stehen oft den ganzen Tag in der Box oder in einem kleinen Auslauf. Nur selten können sie ihrem natürlichen Bewegungsbedürfnis in Eigenregie ausreichend nachgehen. Trotzdem machen es sich viele Reiter, die ihr Pferd täglich bewegen „müssen", sehr einfach. Sie führen ihren vierbeinigen Liebling, der gerade 23 Stunden oder länger in der Box gestanden hat, in die Reithalle und lassen ihn dort eine Viertelstunde lang mal so richtig herumtoben. Meist helfen sie mit der langen Longierpeitsche noch ordentlich nach. Dann werden die tropfnassen Pferde eingedeckt und wieder in die Box verfrachtet.

Bei solchen Aktionen sind Verletzungen einfach vorgezeichnet. Denn ein Pferd braucht ebenso wie ein menschlicher Sportler eine gewisse Aufwärmzeit, in der die Muskeln, Sehnen und Gelenke auf die kommende Belastung vorbereitet werden. Abgesehen davon macht der Mensch als Herdenchef eine ziemlich schlechte Figur, wenn er seinem Pferd erlaubt, unkontrolliert davonzurasen und dabei noch mit beiden Hinterbeinen nach ihm auszukeilen.

Der richtige Ort

Normalerweise ist das Freilaufenlassen nur auf einem Platz sinnvoll, auf dem man sein Pferd ohne Schwierigkeiten dirigieren kann. Das heißt, Sie sollten in der Lage sein, Ihr Pferd anzuhalten und es auf beiden Händen auf Kommando in der gewünschten Gangart gehen zu lassen. Schaffen Sie das in der großen Reitbahn nicht, so müssen Sie diese entweder teilen oder auf einen kleineren Platz wie zum Beispiel einen Longierzirkel oder Roundpen ausweichen.

Setzen Sie Ihre Körpersprache und Ihre Stimme immer bewußt ein, und versuchen Sie, zufällige Bewegungen und Signale zu vermeiden.

Verständigung mit Körpersprache und Stimme

Wenn Sie Ihr Pferd zum erstenmal kontrolliert freilaufen lassen möchten oder es sich um einen temperamentvollen Wildfang handelt, empfiehlt es sich, zuerst zehn Minuten lang im Schritt an der Hand zu arbeiten. Danach sind nicht nur die Muskeln Ihres Vierbeiners vorgewärmt, auch sein Gehorsam ist ein wenig aufgefrischt.

Das Freilaufenlassen ist nicht so einfach, wie es aussieht. Sie müssen Ihr Pferd genau beobachten und Ihre Körpersprache gezielt einsetzen. Bei ruhigen Rössern nimmt man eine treibende Position schräg hinter dem Pferd ein, während man bei temperamentvollen Sausewinden besser schräg vor dem Pferd steht, um bremsend zu wirken.

Auf dieselbe Art und Weise können Sie auch die Gerte einsetzen. Wenn Sie sie in Richtung Pferdekopf halten, erzielen Sie eine bremsende Wirkung. Richten Sie die Gerte mehr auf die Hinterhand, so wirkt sie treibend. Nach dem Aufwärmen lassen Sie Ihren Schüler auf seiner bevorzugten (meist linken) Hand an der Bande anhalten. Da Ihr Pferd gelernt hat, stehenzubleiben, obwohl Sie sich entfernen, können Sie den Strick lösen und circa drei Meter zurücktreten, ohne daß es sich bewegt. Nun geben Sie das Kommando „Scheeritt!" und treiben Ihr Pferd dabei ein wenig mit der Gerte an. Um das Roß wieder anzuhalten, treten Sie von schräg vorne auf es zu und geben Ihr „Halte-Kommando". Reagiert Ihr Schüler einmal nicht, können Sie ihm auch an der Bande energisch den Weg abschneiden.

Mit diesen Grundbegriffen der Verständigung – in etwas abgewandelter Form eingesetzt – können Sie Ihr Pferd in allen Gangarten bewegen und es auch wieder in den Schritt zurücknehmen. Je besser Sie sich mit Ihrem Pferd verstehen, um so mehr können Sie sich in die Bahnmitte zurückziehen und sich auf reine Andeutung beschränken, ohne durch Ihre Körpersprache verstärkt Druck ausüben zu müssen.

Handwechsel

Ein Handwechsel ist ganz einfach: Sie stoppen das Pferd und führen es herum, so daß es nun in die andere Richtung blickt. Oder lieben Sie es ein wenig eleganter? Dann lassen Sie Ihren Vierbeiner anhalten und die ersten Schritte einer Hinterhandwendung machen. Ihr freier Arm zeigt dabei in die Richtung, in die Ihr Pferd laufen soll. Wenn es sich um 180 Grad gedreht hat, schnalzen Sie ein wenig und gehen einen Schritt auf es zu. Bald wird es die Hand schon wechseln, wenn Ihre Gertenhand zum Stoppen gehoben ist und die andere Hand in die entgegengesetzte Richtung weist. Man sollte es Pferden allerdings nicht erlauben, gegen die Begrenzung zu drehen, denn das ist für die Gelenke sehr schädlich.

Selbstverständlich können Sie Ihr Pferd auch in den schnelleren Gangarten die Hand wechseln lassen. In einem Roundpen wird daraus leicht ein „durch den Zirkel wechseln". Anfangs müssen Sie aber bei der Arbeit auf der ungeliebten Seite sehr aufpassen, damit Ihr Pferd nicht selbständig die Richtung ändert.

Auch beim Freilaufenlassen sollten Sie die üblichen Trainingsmodalitäten einhalten: Beginnen Sie mit einer leichten Übung und bauen Sie sie Schritt für Schritt aus, bis Sie bei der gewünschten schwierigen Lektion angekommen sind. So können Sie zum Beispiel daran arbeiten, die Übergänge zu verfeinern. Einen Stopp aus dem Galopp sollten Sie aber nur selten fordern, da er die Vorhand übermäßig belastet.

Gestalten Sie auch das Trainingsende bewußt. Nach einem Erfolgserlebnis sollten Sie Ihren Schüler ausgiebig loben und mit der Arbeit aufhören – was aber nicht heißt, daß man das Pferd nun schnurstracks in die Box führen muß. Statt dessen sollten Sie die Arbeit, gerade wenn Ihr Pferd sich körperlich oder auch geistig sehr angestrengt hat, ruhig im Schritt ausklingen lassen.

Das Anlongieren

Wie bekommt man sein Pferd dazu, an einer langen Leine im Kreis um einen herumzulaufen? In den meisten

Verwenden Sie die Longe anfangs wie ein Führseil, und üben Sie mit Ihrem Pferd Lektionen, die es bereits kennt.

Büchern wird ein Helfer empfohlen, der das Pferd auf den Pfad der Tugend zurückführt, sobald es die Kreisbahn verläßt. Ein solcher Retter in der Not ist jedoch meistens nicht zur Hand, wenn man ihn braucht.

Sitzt die Grundausbildung, so kann man es auch alleine mit dem Anlongieren probieren. Anstelle eines Führseils klinken Sie eine Longe in das Halfter Ihres Pferdes ein. Nun wiederholen Sie die Grundübungen, die Ihr Pferd schon von der Arbeit an der Hand kennt. Anschließend nehmen Sie, wenn Sie linksherum longieren wollen, die Longe in die linke und die Gerte in die rechte Hand und wenden sich Ihrem Pferd zu. Sie müssen das Gefühl haben, daß die Verlängerungen Ihrer Arme das Pferd einrahmen. Sie bilden also mit Ihrem „Lehrling" ein imaginäres Dreieck.

Ist Ihr Pferd nun wegen des Positionswechsels ein wenig verunsichert, so muntern Sie es mit der Stimme auf und gehen in der neuen Position mit Ihrem Schüler um die Bahn herum. Lassen Sie das Pferd anhalten und wieder antreten – durch diese bekannte Lektion gewinnt es seine Sicherheit zurück. Je nachdem, ob Ihr Pferd zum Langsamerwerden oder zum Davonstürmen neigt, müssen Sie Ihr Dreieck ein wenig verschieben. Wollen Sie vermehrt treibend wirken, positionieren Sie sich etwas weiter hinten in Richtung Hinterhand. Bei Pferden, die gerne einmal davonstürmen, bleiben Sie bremsend auf Kopfhöhe.

Nach und nach können Sie die Longe

ein wenig länger lassen und jeweils Schritt für Schritt zurücktreten. Kommt Ihr Pferd hinter Ihnen her, so brauchen Sie etwas Fingerspitzengefühl. Je nachdem, wie sensibel Ihr Vierbeiner reagiert, kann es reichen, wenn Sie ihm mit einem entschlossenen „Raus!" entgegentreten. Zur Verstärkung können Sie ihm auch die Gerte vibrierend entgegenhalten. Eine andere Möglichkeit besteht darin, die Longe in wellenförmigen Bewegungen gegen das Pferd schwingen zu lassen, damit es zurücktritt. Dabei muß man aber sehr geschickt sein, damit die Longe nicht hart gegen das Pferdegesicht knallt.

Die Aufforderung zum Anhalten sollten Sie immer sehr sorgfältig vorbereiten. Treten Sie schräg vor das Pferd und halten Sie ihm auch die Gerte vor die Nase. Reagiert Ihr Roß auf dieses Kommando nicht, so können Sie ihm auch einmal energisch entgegentreten, indem Sie ihm den Weg abschneiden. Das funktioniert natürlich nur an der Bande. Wenn Ihr Pferd also auf einem großen Kreis läuft, sollten Sie es anfangs immer nur an einer Begrenzung anhalten lassen, damit es gar nicht erst lernt, daß es auch Möglichkeiten gibt, sich Ihrem Einfluß zu entziehen.

Üben Sie das auf beiden Händen, und sobald das Anhalten und Antreten ohne Probleme klappt, können Sie Ihr Pferd auch mal antraben lassen. Machen Sie sich aber klar, daß die Gymnastizierung, die beim richtigen Longieren erreicht wird, bei dieser Form des Laufenlassens an der langen Leine ausbleibt.

Lassen Sie die Longe nach und nach länger, und treten Sie Schritt für Schritt zurück.

 **Auf einen Blick:
Die Grundausbildung**

- Die Ausbildung des Pferdes beginnt beim täglichen Umgang mit dem Roß. Nur wer sich überlegt und konsequent verhält, wird vom Pferd als Ausbilder akzeptiert.
- Wer ein Pferd ausbilden möchte, muß ihm so gegenübertreten wie ein Lehrer dem Schüler.
- Gegenseitiges Vertrauen ist die Grundlage der erfolgreichen Pferdeausbildung. Jede unfaire Behandlung richtet großen Schaden an – egal, ob sie absichtlich oder versehentlich erfolgte.
- Für die Erziehung eines Pferdes braucht man in erster Linie Geduld, Geduld und nochmals Geduld. Wer im Handumdrehen spektakuläre Erfolge erzielen möchte, sollte sich besser eine andere Freizeitbeschäftigung suchen.
- Ein sinnvolles Trainingsprogramm basiert auf Übungen, die das Pferd bereits beherrscht, und führt das Roß Schritt für Schritt zu schwierigeren Aufgaben hin.
- Einer der wichtigsten Schlüssel zur erfolgreichen Pferdeschulung liegt in der Motivation des Rosses: Ein Lob im richtigen Moment wirkt wahre Wunder.
- Ein Lob zur falschen Zeit richtet in der Regel längst nicht so viel Schaden an wie eine ungerechtfertigte oder für das Pferd unverständliche Strafe. Deshalb: im Zweifelsfall immer loben!
- Die Grundausbildung an der Hand ist die Basis für alle weiteren Trainingsabschnitte.
- Für die Bodenarbeit rüsten Sie Ihr Pferd mit einem Halfter und einem stabilen Strick aus. Wenn Sie sich damit unsicher fühlen, können Sie für eine Übergangszeit auch ein Halfter mit Kette oder eine Trense verwenden.
- Bevor Sie von Ihrem Pferd anspruchsvollere Lektionen fordern, müssen Sie ihm beibringen, sich anständig führen zu lassen, auf Kommando anzuhalten und stehenzubleiben, wieder anzutreten und sich rückwärtsrichten zu lassen.

Auf einen Blick: Die Grundausbildung

- Die Gerte ist ein wichtiges Hilfsmittel, das Ihnen als verlängerter Arm dienen kann. Sie darf aber auf keinen Fall zum Strafen des Pferdes eingesetzt werden! Ein Roß, das Angst vor der Gerte hat, wird versuchen, ihr auszuweichen oder sie abzuwehren. Solchen Pferden muß man zunächst die Furcht vor diesem Hilfsmittel nehmen, bevor man die Gerte im Training einsetzt.
- Was auch immer Sie gerade mit Ihrem Roß üben: Es soll immer seine ganze Aufmerksamkeit auf Sie richten. Wenn Sie merken, daß es sich langweilt, müssen Sie das Training abwechslungsreicher gestalten.
- Wenn Ihr Pferd eine geforderte Aufgabe nicht richtig ausführt und nervös wird, dann hat es Sie vermutlich nicht verstanden und weiß nicht, was Sie von ihm erwarten. Überprüfen Sie die Zeichen, die Sie dem Roß geben, und versuchen Sie es in aller Ruhe noch einmal.
- Achten Sie immer auf einen Sicherheitsabstand zum Pferd. Die Länge Ihres Armes ist ein gutes Maß für die richtige Distanz.
- Vorhandwendung, Hinterhandwendung und Volltraversale lassen sich gut vom Boden aus trainieren. Dabei setzen Sie Ihre Körpersprache, Ihre Stimme und die Gerte als Hilfsmittel ein.
- Die Arbeit an und in Trailhindernissen bringt Abwechslung in das tägliche Programm und fördert die Aufmerksamkeit und die Köperbeherrschung des Pferdes.
- Die Trainingseinheiten dürfen nicht zu lang sein. Achten Sie immer darauf, daß Ihr Roß noch konzentriert und aufmerksam bei der Sache ist.
- Beim Freilaufenlassen können Sie die Kommunikation mit Ihrem Pferd per Körpersprache und Stimme verbessern.
- Ein Pferd, das durch Bodenarbeit und Freilaufen entsprechend vorbereitet wurde, wird auch ohne größere Probleme an der Longe um seinen Ausbilder herumlaufen.
- Beenden Sie das Training immer mit einer gelungenen Übung und einem ausgiebigen Lob.

Die Grundlagen der Longenarbeit

Die Grundgangarten

Wenn man ein Pferd richtig gymnastizieren möchte, muß man sich zunächst mit seinen verschiedenen Bewegungsabläufen vertraut machen.

Denn erst wenn wir wissen, wie sich unser Pferd bewegt, können wir seine Gangarten durch das korrekte Einwirken im richtigen Moment fördern. Das gilt für das Longieren genauso wie für die Arbeit an der Doppellonge und für das Reiten. Schauen wir uns also erst einmal die Bewegungsabläufe in den drei Grundgangarten an.

Der Schritt

Sie sollten Ihr Pferd an der einfachen Longe nur wenig im Schritt arbeiten. Denn gerade in dieser Gangart können Bewegungsablauf und Takt extrem leicht gestört werden. Das sieht man in jeder Reithalle! Selbst erfahrenen Ausbildern kann es passieren, daß im Schritt an der Longe Taktprobleme auftreten. Es ist wichtig, den Viertakt dieser Gangart zu erhalten. Im Schritt unterscheidet man die folgenden Tempi:

- Im **Mittelschritt** treten die Hinterhufe leicht in die Spuren der Vorderhufe.

Der Bewegungsablauf im Schritt

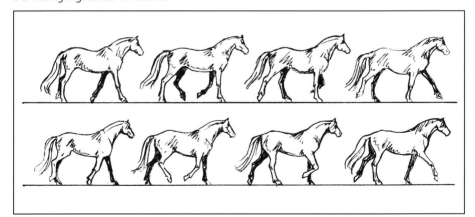

Der Bewegungsablauf im Trab

- Der **starke Schritt** zeichnet sich durch ein besonders raumgreifendes Vortreten aus.
- Beim **versammelten Schritt** bleiben die Abdrücke der Hinterhufe hinter denen der Vorderhufe zurück.

Der Trab

Bei dieser Gangart bewegt das Pferd die diagonalen Beinpaare jeweils synchron. Es handelt sich um einen Zweitakt, der in folgenden Tempi ablaufen kann:
- Der **Arbeitstrab** soll schwungvoll, taktklar und fleißig sein, dabei fußen die Hinterbeine in die Spur der Vorderbeine.
- Der **Mitteltrab** zeichnet sich durch raumgreifendere Tritte aus, ohne daß das Pferd zu eilen beginnt. Die Hinterbeine zielen deutlich unter den Schwerpunkt des Pferdes, was einen freien Vortritt der Vorderbeine möglich macht.
- Beim **versammelten Trab** zeigt das Pferd weniger raumgreifende, dafür aber kadenziertere Tritte. Hierbei sollen sich die Hanken stärker beugen.
- Im **starken Trab** fußen die Hinterbeine deutlich über die Spur der Vorderbeine hinaus, und die Hinterhand entwickelt ihre intensivste Aktivität, ohne zu hastig zu agieren.

Der Galopp

Im Galopp bewegt sich das Pferd im Dreitakt. Diese Gangart wird in folgende Tempi eingeteilt:
- Der **Arbeitsgalopp** soll gleichmäßig und schwungvoll im Dreitakt gesprungen sein, wobei das Pferd nicht zu viel Raumgriff entwickeln sollte.
- Beim **Mittelgalopp** möchte man etwas längere und raumgreifendere Sprünge sehen – allerdings, ohne daß das Pferd dabei zu eilen beginnt.

Der Bewegungsablauf im Galopp

- Im **versammelten Galopp** springt das Pferd vermehrt mit seiner Hinterhand unter seinen Schwerpunkt.
- Der **starke Galopp** verbindet die größtmöglichen, raumgreifenden Sprünge mit einer systematisch aufgebauten Versammlung.

Natürlich wäre es möglich, die Grundgangarten wesentlich detaillierter zu beschreiben. Nur: Das wäre graue Theorie! Besser ist es, Sie sehen in der Reitbahn etwas genauer hin und versuchen, die Bewegungsabläufe zu erkennen und zu beurteilen.

Die Ausrüstung

Schaut man sich die Angebote des Fachhandels an, erschlägt einen die Vielfalt der Ausrüstungsgegenstände fast. Da bildet das Rüstzeug für die Longenarbeit keine Ausnahme. Beschäftigen wir uns zunächst mit der Grundausstattung.

Die Longe

Am wichtigsten ist natürlich die Longe, die in den meisten Fällen aus einem sieben Meter langen Gurtband besteht. Früher wurde die Longe mit einer Lederschnalle am Zaumzeug des Pferdes befestigt, heute gibt es fast nur noch Longen mit Karabinerhaken. Das ist eigentlich sehr schade, denn die Lederschnalle ist zwar in der Handhabung etwas umständlicher, leistet aber bei einigen erweiterten Befestigungsarten, die wir Ihnen noch näher erläutern werden, sehr gute Dienste.

Beim Kauf sollten Sie darauf achten, daß die Longe gut durch die Hände gleitet. Deshalb sollten Sie auch kein Modell mit aufgenähten Querstegen kaufen – oder, wenn Sie bereits eine solche Longe besitzen, diese Stege abtrennen. Sie sind für das gute Longieren nur hinderlich, denn sie erschweren das Nachgeben und provozieren Verletzungen. Eine Alternative zur Longe können auch die im Handel erhältlichen Führseile sein.

Der Longiergurt
Beim Longiergurt stehen Sie vor einer schwierigen Entscheidung. Sie können sich einen relativ preisgünstigen Gurt aus Leinen oder flexiblem Kunststoff kaufen. Diese Modelle bewegen sich allerdings in den meisten Fällen schon in Richtung Pferdehals, wenn man nur Ausbinder an ihnen befestigt. Da ist es natürlich sehr praktisch, daß die Ringe an diesen Gurten meistens so klein sind, daß man weder eine einfache Longierleine noch eine Doppellonge hindurchbekommt – denn das könnte zu noch gefährlicheren Katastrophen führen.
Der Sitz eines Ledergurtes ist sicherer und läßt sich im Bedarfsfall durch Aufpolstern noch wesentlich verbessern. Gurtlängen von bis zu zwei Metern machen auch eine Verschnallung über dem Sattel möglich. Achten Sie darauf, daß in der Mitte des Gurtes bis zu zwei und an den Seiten jeweils fünf Ringe angebracht sind. Letztere ermöglichen ein individuell angepaßtes Ausbinden Ihres Pferdes. Außerdem ist ein Ledergurt bei entsprechender Pflege extrem haltbar – er wird, wenn er von guter Qualität ist, nicht nur Ihr Pferd, sondern auch Sie noch überleben. Zugegeben, seine Anschaffung ist mit erheblichen Kosten verbunden. Aber eine solide Ausrüstung kann Ihnen so manchen Ärger ersparen.

Die Longierpeitsche
Auch eine achtlos gekaufte Longierpeitsche kann Ihnen das Longieren verleiden. Achten Sie schon im Geschäft darauf, daß sie nicht nur leicht, sondern auch ausgewogen in der Hand liegt. Weder ihre Spitze mit dem zweieinhalb oder besser drei Meter langen Schlag noch der Griff darf zu schwer sein. Befindet sich die Peitsche nicht im Gleichgewicht, so kostet ihre Handhabung zu viel Kraft und ermüdet Ihren Arm schon nach kurzer Zeit. Meiden Sie zweiteilige Longiergerten, die sich so praktisch zusammenstecken lassen. Sie liegen nicht nur schlecht in der Hand und provozieren schon nach kurzem Gebrauch eine Sehnenscheidenentzündung, sondern fallen auch immer dann auseinander, wenn man es am wenigsten gebrauchen kann.

Die Ausbinder
Wollen Sie Ihr Pferd beim Longieren gymnastizieren, so brauchen Sie ein Paar Ausbinder. Diese Riemen dürfen nicht dehnbar sein – anderenfalls nimmt das Pferd die elastische Verbindung gerne zum Anlaß, keine Anlehnung an das Gebiß zu suchen. Verwenden Sie daher glatte Riemen ohne die üblichen eingenähten Gummiringe. Solche Ausbinder fin-

den Sie möglicherweise nicht gleich auf Anhieb. Lassen Sie sich aber auf keinen Fall von Verkäufern oder „Fachleuten" beirren.

Die dehnbaren Ausbinder aller Art sind nur deshalb in Mode gekommen, weil man wegen ihrer Elastizität annimmt, diese Riemen wären weich und pferdeschonend. Das ist aber ein Trugschluß, auf den Sie nicht hereinfallen sollten. Näheres zum Thema Ausbinder erfahren Sie auf Seite 56.

Der Kappzaum
Zur Grundausstattung zählt im allgemeinen auch der Kappzaum. Er besteht fast immer aus einem Lederkopfstück mit einem Backen- und Kehlriemen sowie einem Kinnriemen, der mit einem gepolsterten Metallbügel verbunden ist. Auf diesem Bügel, der über den Nasenrücken des Pferdes verläuft, befinden sich ein mittlerer und mehrere seitliche Ringe für das Einhaken von Longe und Ausbindern.

Entscheidend für die Wirkungsweise eines Kappzaumes ist, daß er fest am Kopf sitzt. Rutscht er hin und her, so ist nicht nur Ihre Einwirkung ungenau, sondern es kann auch zu Verletzungen kommen. Der Kappzaum sollte nicht zu schwer sein, denn es gehört nicht zu seinen Aufgaben, den Pferdekopf durch ein entsprechendes Gewicht herunterzuziehen. Damit Sie den Pferdekopf nicht noch mit zusätzlichem Leder versehen müssen, sollte sich an Ihrem Kappzaum im Bedarfsfall ein Trensengebiß korrekt einschnallen lassen.

Ein solide verarbeiteter, guter Kappzaum aus Leder ist immer sein Geld wert, auch wenn sein Anschaffungspreis relativ hoch ist. Wesentlich preisgünstiger ist die Version aus Gurtmaterial. Wenn Sie normalerweise mit Halfter longieren, ist diese Gurtversion sicher die bessere Lösung – vorausgesetzt, der Kappzaum läßt sich gut an den Pferdekopf anpassen.

Die Trense
Einen Trensenzaum haben die meisten Reiter im Schrank hängen. Als Mundstück sollte man eine nicht zu dünne Wassertrense verwenden, die aus anatomischen Gründen doppelt gebrochen sein sollte und selbstverständlich der Breite des Pferdemauls entsprechen muß. Verfügen Sie über ein Hannoversches Reithalfter, so kann es – richtig verschnallt – auch bei der Longenarbeit in einigen wenigen Fällen gute Dienste leisten. Dennoch sollte es wegen seiner negativen Eigenschaften grundsätzlich nicht zur Basisausrüstung eines Pferdes gehören.

Die Longierbrille
Die sogenannte Longierbrille ist ein Verbindungsstück zwischen den beiden Trensenringen, in dessen Mitte sich ein Ring für die Longe befindet. Viele Reiter benutzen diesen Ausrüstungsgegenstand, ohne sich dar-

über im klaren zu sein, daß sie damit im Maul ihres Pferdes ziemliches Unheil anrichten können. Sehr oft konnten wir schon beobachten, wie mit diesem Instrument die Lefze auf der äußeren Seite mit dem Trensenring schmerzhaft eingeklemmt wurde. Da uns die Vorteile der Longierbrille nicht bekannt sind, die wie die meisten Ausrüstungsgegenstände auch ohne den Hinweis auf mögliche Nebenwirkungen verkauft wird, empfehlen wir Ihnen in diesem Fall, sich vertrauensvoll an Ihr Reitsportfachgeschäft zu wenden.

Bandagen und Gamaschen

Gerade bei jungen Pferden sollten Gamaschen oder Bandagen zur Ausrüstung gehören.

Gamaschen sind in verschiedenen Größen erhältlich und bestehen aus Leder oder Kunststoff. Kunststoffgamaschen sind einfach zu säubern und sitzen am Pferdebein sehr gut. Modelle aus Leder schützen durch ihre härtere Beschaffenheit besser vor Verletzungen, brauchen aber mehr Pflege und lassen sich auch nicht ganz so gut anpassen wie ihre modernen Gegenstücke.

Bandagen sind nicht ganz zu Unrecht ins Hintertreffen geraten. Sie sind nur dann zu empfehlen, wenn sie von einem Könner angelegt werden. Wickelt man sie zu locker, so verliert das Pferd sie. Werden sie dagegen zu fest angebracht, sind Durchblutungsstörungen die Folge. Außerdem schützen sie Ihr Pferd nicht so gut vor Verletzungen wie Gamaschen.

Junge Pferde auf die Longe vorbereiten

Viele Besitzer von jungen Pferden sind sehr ungeduldig. Sie haben sich ihr Pferd zum Reiten gekauft und wollen nun auch endlich in den Sattel. Da soll die vorbereitende Arbeit wie beispielsweise das Longieren schnell von der Hand gehen. Doch gerade junge Pferde müssen sehr langsam und sorgfältig auf ihre Aufgabe vorbereitet werden, damit ihr Beruf ihnen später auch Freude macht. Lassen Sie sich nicht zu einer Schnellausbildung verführen – so etwas rächt sich später immer! An der Longe kann das Pferd viel lernen, ohne daß es vom Reitergewicht belastet oder irritiert wird.

Folgende Dinge sollten Sie mit Ihrem Youngster nach und nach in Angriff nehmen:
1. Gewöhnung an Sattel- und Zaumzeug
2. Vertrautmachen mit regelmäßiger Arbeit
3. Heranführung an Disziplin und Gehorsam
4. Entwicklung von Takt und Losgelassenheit
5. Erste Übungen zur Dehnung und Biegung

Einkleiden, aber wie?
Das sorgsame Anlegen von Trense und Longiergurt ist weitaus wichtiger, als es auf den ersten Blick scheint. Nicht umsonst gibt es so viele Pferde, bei denen der Reiter das Gebiß nur mit List und Tücke ins Maul bekommt, und auch der Sattelzwang ist wesentlich verbreiteter, als man glauben möchte.

Am besten binden Sie Ihr Pferd an einem Ort an, an dem es sich sicher fühlt und Sie ohne Probleme um es herumgehen können. Das kann in der Box sein – sie hat den Vorteil, daß Ihr Pferd an der Krippe stehen und während aller Prozeduren ein wenig Futter bekommen kann. Bei sehr hektischen oder nervösen Pferden sollte man auf das Beruhigungshäppchen allerdings lieber verzichten, da sie sich leicht daran verschlucken können.

Zeigen Sie Ihrem Schüler den Gurt und legen Sie ihn auf den Pferderücken. Die meisten Pferde werden das nicht sonderlich aufregend finden, aber beobachten Sie Ihren Schützling genau, damit Sie jedes Anzeichen von Angst bemerken und rechtzeitig entgegenwirken können. Dann beginnen Sie langsam, den Gurt so locker zusammenzuschnallen, daß er den Pferdebauch zwar berührt, aber nicht einschnürt. Loben Sie Ihr Pferd ausgiebig dafür, daß es den Bauchgurt so mutig erträgt! In diesem Stadium dürfen Sie Ihren Schützling nicht aus den Augen lassen, denn der Gurt ist ja noch lose und könnte herumrutschen und Ihrem Pferd dabei einen gehörigen Schrecken einjagen.

Langsam beginnen Sie damit, den Gurt Loch für Loch ein wenig fester zu schnallen, bis er sitzt. Zwischendurch können Sie Ihr Pferd ruhig gründlich putzen, denn die Alltagsroutine vermittelt ihm Sicherheit.

Gurten mit Gefühl

Es ist nicht schwer, den Gurt langsam und ohne unangenehmen Ruck anzuziehen. Packen Sie die Gurtstrippen mit der rechten Hand direkt unter der Schnalle, gehen Sie in die Knie, und stemmen Sie Ihren rechten Arm in die Hüfte. Wenn Sie die Knie jetzt langsam wieder durchdrücken, gleiten die Gurtstrippen dabei wie von selbst zum nächsten Loch.

Es ist wichtig, daß das Pferd beim weiteren Verschnallen keine abwehrende Haltung einnimmt – und sei sie auch noch so gering. Diese Übung sollten Sie mehrere Tage hintereinander durchführen, bis das Anlegen des Longiergurtes für Ihr Pferd selbstverständlich ist. Sie können Ihren Schüler auch während der Bodenarbeit den Bauchgurt tragen lassen. Denken Sie aber daran, daß sich das Pferd gerade bei schnelleren Be-

wegungen von dem ungewohnten „Gürtel" eingeengt fühlen kann. Beruhigen Sie es mit einfachen Grundübungen und mit viel Lob. Wenn das Pferd den Gurt und das Angurten nicht als unangenehm empfindet, werden später auch beim Satteln keine Probleme auftreten.
Als weitere „Kleidungsstücke" sollten Sie zumindest an den Vorderbeinen Gamaschen verwenden. Sie können natürlich auch Bandagen nehmen – vorausgesetzt, Sie sind in der Lage, diese korrekt anzulegen (siehe Seite 43).

Kappzaum oder Trense?
Eigentlich empfehlen wir gerade für junge Pferde einen Kappzaum, in den man eine doppelt gebrochene Trense einschnallen kann. Die korrekte Anpassung und Verschnallung eines Kappzaumes ist aber sehr schwierig. Sitzt er zu lose oder ist der Backenriemen falsch angebracht, kann man das Pferd leicht am Auge verletzen. Der gepolsterte Nasenbügel sollte weder auf den Nüstern hängen noch zu hoch angebracht werden, da der Kappzaum sonst seine respekteinflößende Wirkung verliert. Am besten kaufen Sie diesen Ausrüstungsgegenstand in einem Fachgeschäft, das ihn direkt am Pferd anpaßt.
Sie sollten erst dann einen Kappzaum mit Gebiß verwenden, wenn Sie Ihren Youngster an das Metallstück gewöhnt haben. Dazu schnallen Sie die Trense in einen einfachen Zaum ohne Zügel ein und bestreichen das Metall mit Honig. Hat sich das Pferd mit dem komischen Ding in seinem Maul ein wenig angefreundet, dann können Sie vorsichtig ein Halfter über das Zaumzeug legen und Ihr Pferd zum Beispiel putzen, damit die Trense eine Zeitlang im Maul bleibt.

Der Ort des Geschehens
Da man zu Beginn der Longenarbeit nicht ausschließlich auf dem Zirkel arbeitet, sondern mehr die Bodenarbeit erweitert, ist man mit einem Reitplatz anfangs besser beraten als mit einem Longierzirkel. Eine Halle hat den Vorteil, daß man den Wetterunbilden nicht ausgesetzt ist, dafür schirmt sie das Pferd allerdings sehr von den äußeren Einflüssen ab. Ein Pferd muß heute aber mit Ablenkungen aller Art zurechtkommen – es sollte also lernen, auch dann konzentriert und ruhig mitzuarbeiten, wenn beispielsweise ein Trecker über den Hof fährt, wenn Spaziergänger vorbeikommen oder eine Reitergruppe ins Gelände aufbricht.
Wichtig ist natürlich auch die Beschaffenheit des Bodens. Er sollte weder uneben noch zu tief sein, wenn Sie Schäden an den Pferdebeinen vermeiden wollen.

Auf einen Blick: Die Grundlagen der Longenarbeit

- Bevor Sie mit der Gymnastizierung Ihres Pferdes beginnen, sollten Sie sich mit seinen Bewegungsabläufen vertraut machen. Beobachten Sie Pferde im Auslauf, auf der Koppel und in der Reitbahn, und versuchen Sie, die unterschiedlichen Bewegungen zu erkennen und zu beurteilen.
- Im Schritt bewegt sich das Pferd im Viertakt. Der Ablauf dieser Gangart kann durch Ausbildungsfehler besonders leicht gestört werden.
- Der Trab ist eine Bewegung im Zweitakt, bei der jeweils die diagonalen Beinpaare gleichzeitig auf- und abfußen.
- Beim Galopp handelt es sich um eine gesprungene Bewegung im Dreitakt.
- Wählen Sie die Ausrüstung Ihres Pferdes für die Longenarbeit sorgsam aus, und gewöhnen Sie das Roß behutsam an die Gegenstände, bevor Sie mit dem Training an der Longe beginnen.
- Zum Longieren benötigen Sie eine Longe ohne Querstege oder ein langes, stabiles Führseil.
- Die Longierpeitsche darf nicht zu schwer sein und muß gut in der Hand liegen. Zweiteilige Peitschen, die man zusammenstecken kann, sind nicht empfehlenswert.
- Beim Longiergurt sollten Sie sich nach Möglichkeit für ein Modell aus Leder entscheiden. Der Gurt sollte in der Mitte mit zwei und auf den Seiten mit jeweils fünf Ringen versehen sein. Longiergurte aus Leinen oder Kunststoff haben meist keine stabile Lage auf dem Pferderücken. Außerdem sind die Ringe an diesen Gurten oft so klein, daß man keine Longe hindurchfädeln kann - von der Doppellonge ganz zu schweigen.
- Auf Ausbinder können Sie nicht verzichten, wenn Sie Ihr Pferd an der Longe gymnastizieren möchten. Wählen Sie keine elastischen Hilfszügel oder Modelle mit eingenähten Gummiringen. Am besten sind Sie mit glatten Lederriemen beraten.
- Der Kappzaum muß gut anzupassen sein und fest am Pferdekopf sitzen. Empfehlenswert sind Modelle, in die man bei Bedarf ein Trensengebiß einschnallen kann.

Auf einen Blick: Die Grundlagen der Longenarbeit

- Ein nicht zu dünnes, doppelt gebrochenes Trensengebiß entspricht der Anatomie des Pferdemauls. Bei einigen Verschnallungsarten kann außerdem ein Hannoversches Reithalfter sinnvoll sein, das aber unbedingt richtig verschnallt werden muß und nicht zur Alltagsausrüstung gehören sollte.
- Zum Schutz der Beine sollten Sie Ihrem Pferd Gamaschen oder Bandagen anlegen. Grundsätzlich sollten Sie Gamaschen bevorzugen - es sei denn, Sie haben viel Erfahrung im Anlegen von Bandagen. Ansonsten besteht die Gefahr, daß die Bandagen rutschen oder die Durchblutung der Beine beeinträchtigen.
- Gewöhnen Sie Ihr Pferd behutsam an alle neuen Ausrüstungsgegenstände, und beobachten Sie es dabei genau. Nur wenn Sie bereits erste Anzeichen von Angst oder Nervosität bemerken und ihnen rechtzeitig entgegenwirken, können Sie eventuelle negative Erfahrungen und deren Folgen wie Sattelzwang oder Abwehr beim Auftrensen vermeiden.
- Für den Beginn der Longenarbeit eignet sich ein Reitplatz besser als ein Longierzirkel. Der Boden Ihres Trainingsplatzes sollte eben und nicht zu tief sein.

Das Training an der Longe

Longieren mit Kappzaum

Sollten Sie sich mit Ihrem Pferd nun in Gedanken schon auf dem Zirkel befinden, so müssen wir Sie leider enttäuschen. Longenarbeit, so wie wir sie verstehen, bietet für Pferd und Reiter einen flüssigen und durchdachten Übergang von der Bodenarbeit zum Reiten.

Beginnen wir also zunächst mit einigen Übungen, die die Longenarbeit vorbereiten und gleichzeitig die Grundlagen der Bodenarbeit überprüfen. Für diese Lektionen empfehlen wir Ihnen einen Kappzaum. Den Longiergurt brauchen Sie zu diesem Zeitpunkt noch nicht. Wichtig sind jedoch die Gamaschen zum Schutz der Vorderbeine.

Die Longe befestigen Sie am mittleren Ring des Kappzaums und sortieren sie so, daß sie ausgedreht in nicht zu großen Schlaufen in Ihrer geschlossenen rechten Hand liegt. Die Peitsche nehmen Sie in die linke Hand und tragen sie mit der Spitze nach unten. Führen Sie Ihr Roß so zum Reitplatz, und lassen Sie es dort durch Einsatz der Stimme und durch gleichzeitiges Annehmen und Nachgeben der Longe anhalten. Kommt es jetzt zu Widersetzlichkeiten, so muß ein kurzer, aber deutlicher Zug an der Longe erfolgen. Rea-

Die Longe wird am mittleren Ring des Kappzaums befestigt.

giert Ihr Schützling prompt auf den verstärkten, kurzzeitigen Druck auf dem Nasenrücken, so geben Sie sofort nach und loben Ihr Pferd ausgiebig.

Treten bei dieser Lektion Schwierigkeiten auf, so hat sich der Trainer in der Vergangenheit meist zu sehr auf seine Stimmkommandos verlassen. Denken Sie immer daran, Ihre verbalen Anweisungen mit einer entsprechenden Aktion zu kombinieren. Sonst kommt es bei der Ausbildung leicht zu vermeidbaren Mißverständnissen.

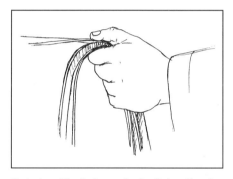

So halten Sie die Longe in der linken Hand.

Wenn beim Führen an der Longe keine weiteren Probleme auftreten, lassen Sie Ihr Pferd erneut anhalten. Verlängern Sie die Longe jetzt und treten Sie etwa drei Meter zurück. Die Longe wechselt nun in die linke und die Peitsche in die rechte Hand. Ihre beiden Arme rahmen das Pferd mit Peitsche und Longe ein und bilden so das für die Longenarbeit so typische Dreieck. Ihr Schützling steht dabei nach wie vor ruhig auf dem Hufschlag. Jetzt lassen Sie ihn genau wie beim Führen mit einem leisen, aber bestimmten „Scheeritt!" antreten. Die Peitsche sollte dabei nach unten und in Richtung der Hinterhand zeigen.

Achten Sie auf einen fleißigen, raumgreifenden Schritt. Sollte Ihr Pferd zu sehr eilen, so versuchen Sie es mit der Stimme zu beruhigen, und lassen Sie es erneut halten. Hierbei sollte das leichte Annehmen und Nachgeben der Hand im Vordergrund stehen. Ihre Stimme soll nur dem Gedächtnis des Pferdes ein wenig auf die Sprünge helfen. Reagiert Ihr Pferd dennoch mit einiger Verzögerung, so verstärken Sie die „Parade", indem Sie eine kurze, nicht zu harte Bewegung mit der Hand machen, die die Longe wellenartig schwingen läßt. Um die Hand zu wechseln, lassen Sie Ihr Pferd anhalten und führen es herum.

Bereitet diese Lektion keine Probleme, so können Sie es mit einer Volte

> **Die Schokoladenseite Ihres Pferdes**
>
> Wenn Sie eine neue Lektion üben, machen Sie es sich leichter, wenn Sie auf der Hand beginnen, die Ihrem Pferd lieber ist. So vermeiden Sie Kämpfe, die das Pferd eigentlich nur deshalb anzettelt, weil es viel lieber auf seiner guten Seite laufen möchte. In den meisten Fällen bevorzugt das Pferd die linke Hand.

von circa acht Metern Durchmesser versuchen. Lassen Sie Ihren Schüler durch ein kurzes Eindrehen des Handgelenks abwenden. Dabei darf der Kopf nicht einmal ansatzweise nach innen gezogen werden!

Meist beginnen die Schwierigkeiten, wenn das Pferd den Halt an der Bande verliert. Entweder beginnt Ihr Schüler zu eilen – dann müssen Sie ihm Ruhe und Gelassenheit vermitteln. Oder seine Schritte werden aus Unsicherheit immer schwankender und zögerlicher – dann müssen Sie Ihr Pferd mehr bestärken und ihm Sicherheit und Führung geben. Bei all diesen Problemen werden Sie sehr viel Fingerspitzengefühl brauchen, da Ihre Einwirkungsmöglichkeiten an den offenen Seiten äußerst begrenzt sind.

Wenn Ihr Pferd aufmerksam mitarbeitet, üben Sie das Halten, Antreten und Abwenden einige Male. Gibt es bei diesen Übungen keinerlei Probleme, dann sollten Sie Ihr Pferd auch einmal an der offenen Seite stoppen. Dieses Halten müssen Sie aber äußerst gründlich vorbereiten und sehr konzentriert ausführen. Denn bei dieser Lektion kommt es so gut wie immer zu einer Machtprobe. Das Pferd braucht nur seitlich auszuweichen, und schon kann es sich Ihrem Einfluß entziehen. Es ist empfehlenswert, das Haltekommando am Anfang kurz vor Erreichen der Umzäunung zu geben. Widersetzt sich Ihr Roß, so ist die rettende Bande nicht weit.

Wichtig ist diese Übung, damit Sie später an der Longe sicher sein können, daß Sie Ihr Pferd an jeder Stelle der Kreisbahn anhalten und abwenden können. Selbst das Belohnen des Pferdes ist hier nicht ohne Tücken. Lassen Sie Ihren Schüler auf dem Hufschlag anhalten und bringen Sie ihm das Leckerchen. Viele Vierbeiner wissen zu diesem Zeitpunkt, daß sie eine Belohnung bekommen, und versuchen, dem Longenführer entgegenzugehen. Seien Sie also wachsam und lassen Sie Ihr Pferd, sobald es sich in Ihre Richtung bewegt, sofort wieder antreten und die Übung wiederholen.

Probleme
Wenn an diesem Ausbildungspunkt weitere Schwierigkeiten auftreten, liegt die Ursache dafür meistens in schlechten Angewohnheiten von Pferd und Reiter. Ist Ihr Pferd in der Vergangenheit an der Longe immer davongerast – sei es aus Widersetzlichkeit oder weil es, unterstützt von Ihnen, seinen Bewegungsdrang abreagieren durfte –, dann haben Sie nun ein Problem. In diesem Fall sollten Sie noch einmal einen Schritt zurückgehen und bei der Bodenarbeit Ruhe und Gehorsam aufbauen. Selbstverständlich lassen sich all diese Aufgaben viel leichter bewältigen, wenn Ihnen jemand mit viel Erfahrung und Sachkenntnis über die Schulter schaut und Ihr Training überwacht.

Die Sache mit der inneren Ruhe ...

Wenn Sie ein Pferd selber ausbilden möchten, sollten Sie als wichtigste Voraussetzung viel innere Ruhe mitbringen. Sie müssen Ihren Alltagsstreß in dem Moment vergessen, in dem Sie den Stall betreten. Alle hektischen, fahrigen und unsicheren Bewegungen müssen von Ihnen abfallen. Richten Sie Ihre volle Aufmerksamkeit auf Ihr Pferd, denn es braucht Ihre Ruhe und Gelassenheit, um sich psychisch und physisch loslassen zu können.

Ein Ausbilder wird seinen Schüler kaum zu entspannten und unbefangenen Bewegungen veranlassen können, wenn er nicht über eine gewisse Selbstbeherrschung verfügt. Die Vorstellung, daß immer einige imaginäre Kameras auf Sie gerichtet sind, kann Ihnen hierbei gut helfen. Auf diese Art üben Sie sich in einer ständigen Selbstdisziplin, die Sie nicht nur für die erfolgreiche Ausbildung Ihres Pferdes an der Longe brauchen.

Longieren mit Trense

Steht Ihnen kein Kappzaum zur Verfügung, so können Sie auch eine doppelt gebrochene Trense benutzen. Die Zügel müssen Sie allerdings ausschnallen, damit das Schlackern an den Gebißringen Ihr Pferd nicht irritiert. Um zu verhindern, daß Sie Ihrem Schüler das Gebiß durchs Maul ziehen, sollten Sie die Zäumung mit einem richtig verschnallten Hannoverschen Reithalfter kombinieren. Dann können Sie nämlich die Lederschnalle Ihrer Longe erst durch den Trensenring und dann durch das Backenstück des Reithalfters fädeln. Denken Sie aber daran, daß das Hannoversche Reithalfter nicht ohne Grund umstritten ist. Es muß unbedingt korrekt verschnallt werden! Achten Sie darauf, daß es weder zu tief auf der Nase sitzt und damit die Atmung des Pferdes behindert noch die seitliche Bewegung des Kiefers zu stark einschränkt. Weitere Informationen zum Verschnallen der Longe finden Sie auf den Seiten 66 und 67.

Nun können Sie all die Übungen ausführen, die wir auch schon im vorigen Abschnitt „Longieren mit Kappzaum" beschrieben haben. Wenn Sie mit einer Trense arbeiten, haben Sie allerdings noch ein zusätzliches Problem. Sie müssen nämlich eine weiche, gleichmäßige Verbindung zum Pferdemaul halten. Dies gilt auch dann, wenn Sie die Longe verlängern oder verkürzen, um zum Beispiel den Radius der Volte zu vergrößern oder dem Pferd ein Leckerchen zu geben. Sie können den feinen Kontakt leichter halten, wenn Sie Ihrem Pferd nicht ständig aufs Maul schauen, sondern sich auf das Gefühl in

Longieren auf der Kreisbahn

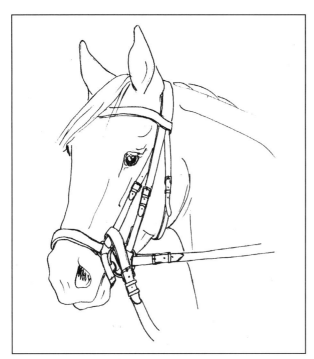

Die Longe wird erst durch den Trensenring und dann durch das Backenstück des Reithalfters geführt.

Wenn Sie es schaffen, Ihr Pferd ruhig und gleichmäßig vom Hufschlag abzuwenden und eine circa acht Meter große Volte gehen zu lassen, ist es bis zur Arbeit auf dem Zirkel nur noch ein kleiner Schritt. Sie müssen den Kreis immer Stückchen für Stückchen oder besser Longenschlaufe für Longenschlaufe vergrößern. Das ist gar nicht so schwierig, da Ihr Roß ja bei der Bodenarbeit gelernt hat, vor Ihnen zu weichen. Gehen Sie also auf seine Schulterpartie zu, und es wird seitlich nach außen treten.

Wenn Sie in einer Reitbahn arbeiten, sollten Sie jedoch anfangs die offene Seite des Zirkels mit Strohballen oder Hindernissen begrenzen, damit Ihr Pferd nicht in Versuchung gerät, allzu stark nach außen zu drängen. Es ist erstaunlich, wie gut die meisten Rösser diese behelfsmäßige Begrenzung akzeptieren.

Drehen oder gehen?
Die Position des Longenführers

Nach den Lehren der klassischen Reitweise soll der innere Fuß des Longenführers immer der Mittelpunkt des Kreises sein. Auf der linken

Ihrer Hand konzentrieren. Später sollten Sie so weit kommen, daß Sie mit verbundenen Augen erspüren können, ob die Longe ansteht oder durchhängt.

Denken Sie immer daran, die Signale so fein wie möglich zu geben. Im Idealfall sollte ein Außenstehender Ihre Zeichen nur erahnen können. Sehr oft ist es auch eine harte Hand, die der Verständigung im Wege steht. Dieser reiterliche Mangel ist aber keine Gottesstrafe. Versuchen Sie diesem Defizit zu Leibe zu rücken, indem Sie sich immer wieder bewußt daran erinnern, mit der Hand fein, weich und locker einzuwirken.

Hand dreht sich also alles um den linken Fuß des Ausbilders.

Leider hat man sich in vielen Betrieben sehr weit von diesem klassischen Vorbild entfernt. Wir möchten Sie zwar nicht in irgendwelche Normen oder Vorschriften pressen – aber mit einem ständigen Umherlaufen des Longenführers ist niemandem gedient. Der dauernde Standortwechsel verunsichert nicht nur das Pferd, sondern macht es auch dem Ausbilder beinahe unmöglich, eine gleichbleibende Verbindung zum Pferdemaul zu halten. Umgekehrt bekommt man diese leider auch nicht geschenkt, wenn man einen Fuß in den Boden rammt und sich immer nur auf dem Absatz herumdreht.

Wir möchten Ihnen empfehlen, einen winzigen Kreis zu beschreiben. Machen Sie kleine Schritte, und drehen Sie Ihren ganzen Körper in die Bewegungsrichtung des Pferdes. Die Ellenbogen sollen locker am Körper liegen, und Sie sollten darauf achten, daß sich weder Ihre Füße noch Ihre Handgelenke verkrampfen. Wenn Sie einmal auf Ihr Pferd zugehen müssen, nehmen Sie die Longe so auf, daß Sie die Verbindung zum Pferdemaul halten können.

Können Sie Ihren Zirkel nicht begrenzen, so müssen Sie allerdings etwas anders vorgehen. Wenn Ihr Pferd nun nach außen drängt und Sie mit sich zieht, dann machen Sie nicht den Fehler, in der Mitte stehenzubleiben und kräftig zurückzuziehen. Bei einer solchen Aktion könnten Sie den Fesselgelenken Ihres Pferdes schweren Schaden zufügen. Ein paar Schritte in Richtung Pferd sind hier sicherlich das kleinere Übel.

Cavaletti-Arbeit

Wir beginnen an der Longe sehr früh mit der Cavaletti-Arbeit, weil sie dem Pferd hilft, den Hals zu dehnen und die Rückenlinie aufzuwölben. Dabei ist es günstig, wenn Sie einen Sattel auflegen und darüber den Gurt verschnallen. Junge Pferde können sich so an diesen neuen Ausrüstungsgegenstand gewöhnen, und ältere Korrekturpferde lernen, ihre Rückenmuskeln zu entspannen, obwohl der Sattel aufliegt.

> **Cavaletti oder Stangen?**
>
> Bei dieser Art der Arbeit sind Cavaletti wesentlich ungefährlicher als Stangen. Denn die Hindernisstangen haben den Nachteil, daß sie ständig wegrollen. Hinzu kommt die Verletzungsgefahr, wenn mehrere Hölzer hintereinander liegen und das Pferd seitlich auf sie tritt. Daher halten wir Cavaletti für die bessere Lösung.

Da es am Anfang ratsam ist, die Cavaletti nur auf geraden Linien aufzubauen, sollten Sie mit Ihrem Pferd in einem eingezäunten Reitplatz arbei-

Die Gewöhnung an den Sattel

Das Gewöhnen an den Sattel ist eine sehr wichtige Angelegenheit, die man gar nicht ernst genug nehmen kann. Viele Pferde werden an diesem Punkt für ihr ganzes Leben verdorben und empfinden den Sattel und folglich auch das Reiten fortan als unangenehm.

Sie sollten Ihr junges Pferd so langsam und vorsichtig wie möglich mit dem Sattel bekannt machen. Binden Sie es an einem Ort an, an dem es sich sicher fühlt und an dem Sie problemlos um es herumgehen können. Zeigen Sie Ihrem Roß den Sattel, und legen Sie ihn anschließend sanft und vorsichtig auf den Pferderücken. Die Steigbügel sollten Sie vorher entweder abmachen oder fest hochschnallen.

Wenn Ihr Pferd das Auflegen des Sattels ohne Zeichen von Mißtrauen oder Unsicherheit akzeptiert, können Sie den Gurt so locker einschnallen, daß er den Bauch berührt, aber nicht einengt. Loben Sie Ihr Pferd ausgiebig, und beobachten Sie es genau: Hält es die Luft an, oder atmet es entspannt weiter und schaut Ihnen interessiert zu?

Gehen Sie immer erst dann einen kleinen Schritt weiter, wenn sich das Pferd ganz entspannt hat. In der Zwischenzeit dürfen Sie es aber nicht aus den Augen lassen – schließlich ist der Gurt ja noch ganz locker. Wenn Ihr Pferd keinerlei Aufregung oder Abwehr zeigt, beginnen Sie damit, den Gurt Loch für Loch enger zu schnallen.

Hat sich Ihr Schützling im Stehen an den Sattel gewöhnt, ist der nächste Schritt das Bewegen. Hier wird Ihr Roß noch einmal einen gehörigen Schrecken bekommen, auch wenn man ihm das äußerlich vielleicht gar nicht anmerkt. Aber das Ding auf dem Rücken bewegt sich! Gehen Sie also ein paar Tage ruhig mit Ihrem Pferd spazieren. Wenn es sich daran gewöhnt hat, können Sie es auch mal als Handpferd mitnehmen.

ten. Grenzen Sie auch weiterhin mit ein paar Strohballen einen Zirkel ein, aber lassen Sie genug Platz, so daß das Pferd auch gerade auf dem Hufschlag gehen kann. Dort bauen Sie dann die Bodenricks auf.

Zuerst stellen Sie Ihrem Youngster nur ein circa 15 Zentimeter hohes Cavaletto auf den Hufschlag, das es ruhig im Schritt überwinden soll. Geschieht dies ohne Eile, so können Sie das Ganze auch im Trab wiederholen. Gerade bei jungen Tieren, für die die Arbeit mit Stangen neu ist, ist es anfangs ratsam, das Roß einige Male über das Bodenrick zu führen, damit es sich nicht angewöhnt, darüberzuspringen.

Wenn Ihr Pferd ganz ruhig über die einzelne Stange geht, sollten Sie

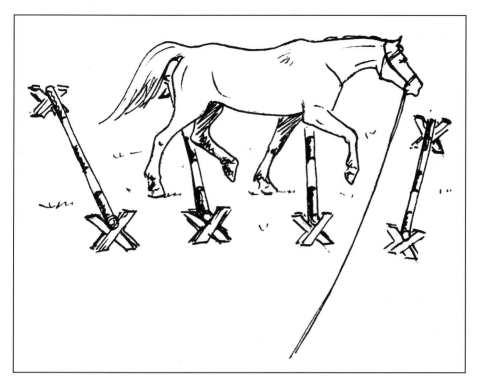

Die Cavaletti-Arbeit an der Longe hilft dem Pferd, den Hals zu dehnen und die Rückenlinie aufzuwölben. Anfangs sollten Sie Ihr Roß nur auf geraden Linien über Bodenricks arbeiten. Die Cavaletti-Arbeit auf dem Zirkel gehört zu den anspruchsvolleren Übungen (siehe Seite 65).

mindestens drei, aber nicht mehr als vier Cavaletti im Abstand von 80 Zentimetern auslegen. Wenn Sie Ihr Pferd im Trab über die Bodenricks schicken möchten, sollten Sie die Abstände auf jeweils 120 bis 130 Zentimeter vergrößern. Achten Sie anfangs darauf, die Stangen immer so zu legen, daß Ihr Pferd sie gerade überwinden kann.

Was ist das Ziel?

Mit großer Wahrscheinlichkeit wird das Pferd schon nach drei bis vier Tagen den Hals dehnen und durch die Arbeit über den Cavaletti ein allererstes Gleichmaß der Bewegungen finden. Mehr können und sollten Sie zu diesem Zeitpunkt noch nicht verlangen.

Das Longieren junger Pferde

Wenn wir ein junges Pferd longieren, wollen wir es auf seine künftige Aufgabe als Reitpferd vorbereiten. Diesem Anspruch können wir aber nur gerecht werden, wenn wir es dazu anleiten, seinen Hals vorwärts-abwärts zu dehnen: Das Pferd sucht dann bereits eine erste „Anlehnung".

Deshalb – und nicht, um das Pferd in eine gewünschte Körperhaltung zu pressen – empfehlen wir Ihnen Ausbinder.

Diese Hilfszügel müssen allerdings sehr gewissenhaft verschnallt werden. Besonders wichtig ist es, daß Sie keine elastischen Ausbinder verwenden (siehe auch Seite 41). Weil das Pferd bei solchen Gummibändern keine Anlehnung findet, wird es nämlich dazu verleitet, den Kopf einfach nur fallen zu lassen, ohne sich an das Gebiß heranzudehnen. Beim Reiten neigen solche Pferde dazu, gegen die Hand zu gehen.

Diese negativen Auswirkungen aller elastischen Hilfszügel sind hinreichend bekannt und schon von unzähligen namhaften Autoren beschrieben worden. Warum das Angebot von Halsverlängerern und anderen flexiblen Leinen trotzdem immer umfangreicher wird, ist völlig unverständlich.

Immer seltener findet man dagegen den doppelten Ausbindezügel, der auch Laufferzügel genannt wird. Er ist circa 2,20 Meter lang und besonders bei unerfahrenen Tieren zu empfehlen, da er das Pferd zwar weich in die Tiefe dirigiert, ihm dabei aber nicht die Anlehnung verweigert. Wenn Sie den Laufferzügel verwenden möchten, sollten Sie Ihr Pferd so ausrüsten, wie wir es im Abschnitt „Longieren mit Trense" (siehe Seite 51) beschrieben haben.

Verschnüren Sie Ihr Pferd aber nicht schon in der Box wie ein Postpaket, sondern führen Sie es zum Longierplatz und beginnen Sie erst dort, den Laufferzügel zunächst auf der äußeren Seite einzuschnallen. Befestigen Sie das eine Ende am mittleren Ring des Longiergurtes. Anschließend führen Sie den Hilfszügel von innen nach außen durch den Trensenring, um dann das andere Ende ein bis zwei Ringe tiefer am Gurt festzumachen. Sicherheitshalber sollten Sie den Laufferzügel anfangs sehr lang verschnallen. Wenn das Pferd seinen Hals später gut dehnt, können Sie den Hilfszügel langsam verkürzen, bis sich das Pferdemaul auf Höhe des Buggelenks befindet.

Da wir dem Pferd keine erzwungene Stellung nach innen geben wollen, die unweigerlich zu Verspannungen führen würde, verschnallen Sie den Laufferzügel auf beiden Seiten gleich lang.

Natürlich haben Ausbinder auch Nachteile. Selbst wenn sie lang verschnallt werden, kann ihre Starrheit im Schritt möglicherweise Taktfehler hervorrufen. Auch deshalb sollten Sie die Arbeit in dieser leicht zu beeinflussenden Gangart stark einschränken. Zwar verfügt der Laufferzügel über eine weichere Einwirkung, aber Sie sollten auf längere Schrittphasen dennoch verzichten. Gerade im Schritt ist es sehr wichtig, darauf zu achten, daß sich das Pferd fleißig, aber ohne zu eilen auf dem Zirkel bewegt.

An der Longe richtig einwirken – aber wie?

Wie genau wirkt nun der Ausbilder in dieser Phase der Longenarbeit treibend und verwahrend auf das Pferd ein? Diese Frage läßt sich eigentlich nur vor Ort ausführlich beantworten. In der Theorie sind diese Aktionen nur sehr schlecht zu erklären, da man ja bei jedem Pferd mit einer anderen Ausgangssituation konfrontiert ist. Trotzdem wollen wir Sie bei diesem wichtigen Thema nicht völlig im Regen stehen lassen.

Beginnen wir mit dem schlimmsten Fall: Sie lassen Ihr Pferd auf dem Zirkel gehen, und es versucht – aus welchem Grund auch immer – davonzurasen. In einem solchen Moment müssen Sie schnell und überlegt handeln, sonst kann sich Ihr Pferd verletzen. Ein erfahrener Longenführer wird diesen Bewegungsdrang mit Hilfe seiner beruhigenden Stimme, mit einem Senken der Peitsche und einem Annehmen der Longe rasch zu bremsen wissen. Notfalls kann er auch etwas massiver werden, indem er seinen Standort verändert oder auch die Longe aufnimmt und gleichzeitig auf das Roß zugeht. In solchen Situationen kann man sich nicht auf sein angelesenes Wissen verlassen, sondern muß auf seine Erfahrung vertrauen können.

Leider kann man heute in vielen Reitställen sogenannte „Fachleute" beobachten, die die Ausbildung eines Pferdes ad absurdum führen. Allzu häufig wird das Annehmen der Longe mit einem kräftigen Ziehen verwechselt. Sollte ein deutliches Annehmen der Leine wirklich einmal notwendig werden – beispielsweise, weil das Roß gerade im Stechtrab davonschwebt –, dann sollte die „Parade" auf den gerade abfußenden inneren Vorderfuß treffen. So kann man ein Davoneilen schon im Ansatz vereiteln. Wenn diese Einwirkung nicht im richtigen Moment den richtigen Fuß trifft, dann sieht man immer wieder Pferde, die entweder gegen die Longe nach außen ziehen oder auch wie ein Helikopter nach einem mißglückten Landeversuch unsanft aufprallen.

Spätestens an dieser Stelle wird klar: Ein junges Pferd kann nicht nach einer Gebrauchsanweisung gearbeitet werden, sondern gehört grundsätzlich in erfahrene Hände.

Kehren wir wieder zum Ausbilder zurück, der nur äußerst selten die Kontrolle über sein junges Pferd verliert. Nach einer kurzen Aufwärmphase im Schritt kann er seinen Schüler antraben lassen und meistens sehr schnell die Früchte der vorangegangenen Cavaletti-Arbeit ernten. Das Pferd beginnt sich mit seinem Hals vorwärts-abwärts in die Hilfszügel hineinzudehnen. Sollte das Roß einmal angaloppieren, so braucht man nicht unbedingt sofort einzuschreiten, wenn das Tempo im Rahmen eines Arbeitsgalopps bleibt.

Bei einem unkontrollierten Davonstürmen muß der Ausbilder natürlich augenblicklich handeln.

Es kann einige Tage dauern, bis das Pferd die Hilfszügel akzeptiert. Kommt es aber auch dann nicht zu einer ersten Anlehnung, so können die Ausbinder für einen kleinen Moment etwas kürzer geschnallt werden. Nach wenigen Runden im Trab werden sie wieder verlängert, und der Youngster wird sich mit großer Wahrscheinlichkeit ohne Probleme an sie herandehnen.

Die nächsten Schwierigkeiten tauchen auf, wenn das Pferd versucht, sich dem Longenführer zu entziehen, indem es sich hinter den Zügel verkriecht. Wenn der Youngster bereits gelernt hat, seinen Hals vorwärts-abwärts zu strecken, dann muß man die Ursache für dieses Problem beim Ausbilder selbst suchen. Gerade in der Anfangszeit, wenn sich das Pferd noch an die Hilfszügel gewöhnen muß, reagiert es oft sehr empfindlich auf ungleichmäßiges Treiben oder auf ein unachtsames Annehmen der Longe. Wenn Ihnen ein solcher Fehler unterlaufen ist, müssen Sie versuchen, das Vertrauen wieder herzustellen, indem Sie das Pferd im konstanten, fleißigen Trab mit weicher, vorgehender Hand an die Hilfszügel heranführen. Greifen Sie nicht in die Trickkiste der Dilettanten und binden Sie Ihr Pferd noch stärker zusammen – das hat unweigerlich eine Überzäumung zur Folge, die später mit sehr viel Mühe wieder korrigiert werden muß.

Eine weitere Unsitte ist es, das Pferd auf der inneren Seite stärker auszubinden. Natürlich spielt das Stellen des Pferdes im Rahmen seiner Gymnastizierung an der Longe keine unbedeutende Rolle. Es ist aber durchaus ausreichend, seinen Kopf nur mit Hilfe der Leine minimal nach innen abzustellen. Sein Körper wird schon dieser Bewegung reflektorisch folgen, ohne dabei aber über die äußere Schulter zu fallen und das gleichseitige Vorderbein stark zu belasten. Ganz zu schweigen davon, daß die Hinterhand sonst noch mehr nach außen drängt, als sie es ohnehin schon tut.

Ausbinder und Laufferzügel – wie verschnallt man sie richtig?

„Der Kopf des ausgebundenen Pferdes befindet sich je nach Ausbildungsstand des Tieres auf Höhe seines Bug- beziehungsweise Hüftgelenks." Diese Aussage, die als Faustformel für den Umgang mit Ausbindern und Laufferzügel gedacht ist, mag jeden Leser enttäuschen, der eine genauere Beschreibung der Einsatzmöglichkeiten dieser Hilfszügel erwartet hat. Lassen Sie uns am folgenden Beispiel verdeutlichen, warum wir auf Zentimeter- oder gar Lochlängenangaben bewußt verzichtet haben:

Sie besitzen ein Pferd, das große Probleme hat, seinen Kopf vorwärts-ab-

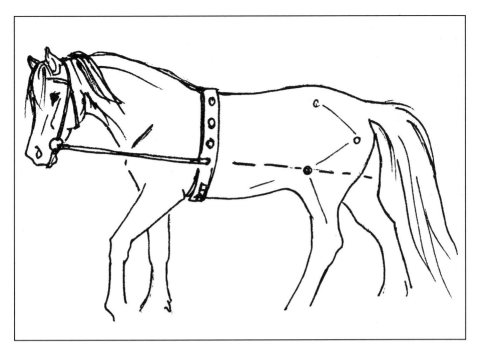

Die Ausbinder werden in der Regel auf Höhe des Buggelenks eingeschnallt.

Den Laufferzügel befestigt man etwa auf Hüfthöhe.

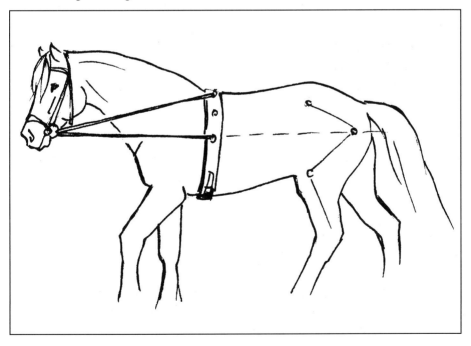

wärts zu dehnen. Würde Ihnen nun der Hinweis weiterhelfen, die Ausbinder mit einer Länge von 1,10 Metern in die untersten Ringe des Longiergurtes zu schnallen? Sicherlich nicht, da bei einer solchen Pauschalangabe weder die Beschaffenheit Ihrer Ausrüstungsgegenstände noch der Körperbau Ihres Pferdes berücksichtigt würde.

Der tief eingeschnallte Hilfszügel kann einerseits dazu führen, daß Ihr Pferd mit der Nase auf Höhe seiner Röhrbeine läuft, dadurch die Hinterhand am Vorschwingen hindert und sich im schlimmsten Fall mit einem Vorderbein im tief durchhängenden Ausbinder verfängt. Andererseits könnte es sich aber auch in vorbildlicher Manier an das Gebiß herandehnen und sich an diesem abstoßen – vorausgesetzt, der Longenführer versteht es, seine Peitschenhilfe gezielt auf die Aktion der Hinterhand abzustimmen.

Vergessen Sie auch nicht, daß eine Angabe wie „auf Höhe des Buggelenks" nur dann einen Sinn ergibt, wenn sich der Pferdekopf während des Longierens dort befindet und einpendelt. Ein Pferd so auszubinden, daß es im Stand eine bestimmte Haltung einnimmt, ist eine Sache – diese Haltung dann auch in der Bewegung zu erreichen, eine andere.

Nehmen wir aber ruhig einmal den Idealfall an. Schon nach kürzester Zeit kann es erforderlich sein, den Ausbinder zu verlängern und vermehrt zu treiben, falls sich Ihr Schützling aufs Gebiß legt. Jetzt heißt es, ihm bloß keine Stütze zu geben, sondern zu treiben! Vielleicht waren die Hilfszügel aber auch ein Loch zu kurz, und der Pferdehals wurde minimal zusammengezogen – oder die Länge der Hilfszügel war genau richtig, aber die treibende Hilfe war ungenügend.

Welche Probleme auch immer sich einstellen, die notwendigen Veränderungen der Beizäumung können in unzähligen Variationen vorgenommen werden und betreffen die Länge der Ausbinder beziehungsweise Laufferzügel genauso wie die Höhe ihrer Befestigung am Longiergurt. Wer nicht selbst sehr viel Erfahrung hat, kommt um die Hilfe eines versierten Ausbilders also nicht herum, wenn er die Vorteile von Ausbindern oder Laufferzügel nutzen und diese nicht ins Gegenteil verkehren möchte.

Wie lange wird longiert?

Egal, welche Probleme Sie mit Ihrem Pferd haben – lassen Sie es auf keinen Fall stundenlang im Kreis laufen. Wenn Sie mit der Ausbildung beginnen, sollten Sie ungefähr 15 Minuten Longierzeit anpeilen. Dasselbe Trainingslimit gilt für die Cavaletti-Arbeit, die zwar nicht täglich, aber auch mit dem ausgebundenen Pferd auf geraden Linien fortgeführt werden sollte. Besonders in Verbindung mit dem Longieren auf dem Zirkel verbessert die Cavaletti-Arbeit das gleichmäßige Abstrecken des Halses. Ein gewissenhafter Ausbilder wird das Arbeitspensum seines Schülers nur langsam steigern, wobei die Gesamtzeit der täglichen Longenarbeit eine halbe Stunde nicht überschreiten sollte.

> **Das Ziel der ersten Longenarbeit**
>
> Das Ziel dieser ersten Longierausbildung liegt darin, daß sich Ihr Youngster vertrauensvoll an die Hilfszügel herandehnt, dabei eine Stärkung seiner Rückenmuskulatur erfährt, ein erstes Gleichmaß in den verschiedenen Gangarten findet und somit auf die folgende Arbeit unter dem Sattel vorbereitet wird. Wenn Sie diese Ziele erreichen wollen, haben Sie eine anspruchsvolle Aufgabe vor sich.

Longenarbeit mit dem ausgebildeten Pferd

Das Longieren ist in den letzten Jahren sehr in Mode gekommen. So sieht man immer mehr Reiter mit einer Longe bewaffnet in Richtung Reitbahn ziehen. Gleichzeitig hat sich auch die Unsitte verbreitet, Pferde nur mit Halfter zu longieren oder besser gesagt: laufen zu lassen. Der gymnastische Wert dieser Übung ist nämlich gleich Null.

Niemand kommt auf die Idee, sich auf sein Pferd zu setzen und es eine halbe Stunde oder meist noch länger ohne Zügelkontakt ausschließlich auf dem Zirkel laufen zu lassen. Aber bei der Longenarbeit ist dies gang und gäbe. Rechtfertigungen für diese lieblose Behandlung des Vierbeiners gibt es genug: „Ich muß heute unbedingt noch weg, also spare ich mir das Putzen und Satteln." So minimieren die Reiter die tägliche Bewegung ihres Pferdes auf das Herumjagen im Kreis.

Besonders schön ist auch die folgende Ausrede-Variante: „Ich gönne meinem Pferd eben ein bißchen Abwechslung!" Man stelle sich vor, eine Aerobic-Lehrerin käme auf die Idee, ihre Schützlinge einfach eine halbe Stunde um die Turnhalle zu jagen, statt sie mit einem ausgeklügelten Trainingsprogramm schwitzen zu lassen! Machen wir es kurz: Für das Longieren mit Halfter gibt es keine akzeptable Begründung, es sei denn, man wartet auf den Tierarzt.

Korrekturpferde

Aber es gibt auch das andere Extrem! Viele Sattelschränke quellen vor lauter raffinierten Longier-Requisiten beinahe über. Gerade die Besitzer von Korrekturpferden versprechen sich von einigen modernen Hilfszügeln wahre Wunderdinge.

Denken wir nur an den Halsverlängerer, der angeblich jedem Pferd in einer weichen – sprich: nachgebenden - Form den Weg nach unten weisen soll. Sein Einsatz ist besonders fatal, weil es im ersten Moment so aussieht, als sei ein Erfolg in Sicht. Das Pferd läßt den Kopf fallen, und der Reiter ist glücklich. Daß der Vierbeiner auch weiterhin auf der Vorhand läuft, wird im Freudentaumel gar nicht bemerkt. Hauptsache, die Haltung stimmt. Unterm Sattel stellen sich die Probleme dann sofort wieder ein, wenn das Pferd aufgerichtet werden soll. Da das gute Roß ja konsequent von jeder Anlehnung entwöhnt wurde, weiß es nun auch mit dem weichsten Zügelkontakt nichts mehr anzufangen. Es wehrt sich, indem es nach unten gegen die Hand stößt.

Die meisten Schwierigkeiten entstehen dadurch, daß die Reiter sich nicht genug mit der Grundausbildung ihrer Rösser beschäftigen.

Wenn Ihr Pferd Probleme damit hat, seine Hals- und Rückenmuskulatur loszulassen, gehen Sie einfach einen Schritt zurück, und arbeiten Sie es an der Longe wie ein junges Pferd! Vergessen Sie nicht, daß Sie alle Zeit der Welt haben, um Ihr Pferd zu korrigieren und auf den Pfad der Tugend zurückzuführen. Auf jeden Fall sollten Sie auf die Cavaletti-Arbeit zurückgreifen. Orientieren Sie sich an der Arbeit mit einem noch unerfahrenen Tier, und hüten Sie sich davor, Ihr Pferd zu tief auszubinden! Dadurch würden Sie höchstens erreichen, daß Ihr Vierbeiner mit der Hinterhand nicht mehr genügend vorschwingen kann. Er würde zwar mit gesenktem Kopf, aber mit festgehaltenem Rücken auf der Vorhand gehen.

Nicht selten werden Pferde genau in diesem Zustand geradezu schwindelig longiert. Der Kopf ist ja unten! Da wird sich der Rest schon irgendwie lösen. Sicher kann eine erweiterte Longenarbeit viele Schwierigkeiten des Pferdes beheben. Nur: Den reiterlichen Mängeln kann sie leider nicht zu Leibe rücken. Aber das ist genau der Punkt, an dem sich die Katze in den Schwanz beißt beziehungsweise der Longenführer im Kreise dreht. Denn was nützt es den schwingenden Rückenmuskeln, wenn sie nach einer Phase der Entspannung erneut von einem Reiter traktiert werden, der nun zwar longieren kann, aber immer noch mit seinem unveränderten reiterlichen Unvermögen behaftet ist? Sicher werden die Probleme so lange nicht verschwinden, wie der Besitzer seine reiterlichen Schwächen nicht überwunden hat.

Ohne qualifizierte Hilfe kann man sich aus diesem Dilemma wohl kaum befreien. Ein Beritt kann nur dann helfen, wenn möglichst gleichzeitig oder im Anschluß daran die Fertigkeiten des Pferdebesitzers verbessert werden.

Setzen wir für die folgenden Abschnitte voraus, daß Ihr Vierbeiner seinen Kopf nun nicht mehr zum Himmel streckt und daß sein Ausbildungsstand dem eines durchschnittlichen Reitpferdes entspricht.

> **Welche Ausrüstung braucht Ihr Pferd?**
>
> Auch Ihr ausgebildetes Pferd sollten Sie wie einen Youngster mit einer doppelt gebrochenen Trense ausrüsten. Außerdem sollte es einen Longiergurt sowie Ausbinder oder Laufferzügel tragen, und es ist sinnvoll, zumindest seine Vorderbeine mit Hilfe von Gamaschen vor Verletzungen zu schützen.

Anspruchsvolles Longieren

In der Reitbahn angekommen, verschnallen Sie die Hilfszügel so, daß sich Ihr Pferd in der anfänglichen Lösungsphase vorwärts-abwärts dehnen kann. Leider wird das Ausbinden sehr oft falsch verstanden. Das Roß soll seinen Kopf nicht möglichst tief, sondern eine Handbreit vor der Senkrechten auf der Höhe des Buggelenkes tragen.

Überprüfen Sie die Ausrüstung Ihres Pferdes noch einmal, und lassen Sie es dann im Schritt auf der linken Hand um Sie herum antreten. Heben Sie leicht die Peitsche, und unterstützen Sie den treibenden Effekt durch Ihre Stimme. Parallel dazu sollten Sie die Leine gleichmäßig verlängern und eine leichte, aber dennoch bestimmende Verbindung zum Pferd halten. Hat Ihr Roß den Hufschlag des Zirkels erreicht, so lassen Sie es nach einer kurzen Schrittphase antraben. Es sollte sich ruhig drei bis fünf Minuten in dieser Gangart bewegen und sich dabei an die Ausbinder herandehnen.

Die meisten Pferde versuchen gerade am Anfang, ihrer Bewegungsfreude ein wenig Luft zu machen. Das ist verständlich – aber Sie dürfen nicht zulassen, daß Ihr Pferd davonstürmt, da es sich sonst leicht verletzen könnte. Versuchen Sie Ihr Roß zu bremsen, bevor es außer Kontrolle gerät, indem Sie die Longe nicht zu zaghaft in dem Moment annehmen, in dem das innere Vorderbein abfußt. Gleichzeitig senken Sie die Peitsche und beruhigen das Pferd mit Ihrer Stimme. Bis zu diesem Punkt unterscheidet sich die Longenarbeit kaum von der mit einem Youngster.

Bevor Sie nach etwa fünf Minuten die Hand wechseln, sollte Ihr Pferd auch noch galoppieren. Überfallen Sie es nicht mit einem plötzlichen Kommando, sondern lassen Sie es mit einer kurzen und prägnanten Peitschen- und Stimmhilfe aus dem gleichmäßigen Trab angaloppieren. Achten Sie darauf, mit der Hand nachzugeben und den Galoppsprung auch wirklich herauszulassen. Versuchen Sie, das Tempo in dieser Gangart gleichmäßig zu halten, und parieren Sie dann langsam erst zum Trab, dann zum Schritt und schließlich zum Halten durch.

Während Ihr Pferd ruhig auf dem Zirkel stehenbleibt, gehen Sie langsam auf es zu und nehmen, um den Leinenkontakt zu halten, peu à peu die Longe auf. Verschnallen Sie die Leine nun auf der anderen Seite, und lassen Sie das Pferd mit einer Vorhandwendung herumtreten. Auf die gleiche Art und Weise longieren Sie es nun auf der rechten Seite.

Die lösende Arbeit auf beiden Händen dürfte etwa zehn bis fünfzehn Minuten in Anspruch nehmen. Die Hals- und Rückenmuskulatur Ihres Vierbeiners ist nun so weit gedehnt und erwärmt, daß Sie mit leichten versammelnden Lektionen beginnen können. Dabei soll das Pferd dazu animiert werden, mit seiner Hinterhand bei nicht zu stark gebeugten Hanken deutlicher unter seinen Schwerpunkt zu treten und somit seine Vorderbeine zu entlasten. Dazu werden die Ausbinder so weit verkürzt, daß sich der Kopf des Pferdes etwa auf Höhe seiner Hüfte befindet. Bedenken Sie, daß wir mit den Ausbindern, ob kurz oder lang verschnallt, zu keiner Zeit den Kopf des Pferdes nach oben oder unten binden wollen. Diese Hilfsmittel dienen lediglich dazu, dem Pferd eine gewisse Anlehnung zu geben, ohne die nun mal keine Gymnastizierung möglich ist (siehe auch Seite 56). Die angestrebte Kopfhaltung wird nicht durch ausgeklügelte hippologische Fesselspiele erreicht, sondern sie ist das Ergebnis einer vermehrt untertretenden Hinterhand.

Nachdem Sie Ihr Pferd entsprechend ausgebunden haben, bewegen Sie sich rückwärts wieder in den Mittelpunkt des Zirkels und lassen Ihr Roß wie gewohnt antreten und antraben. Jetzt geht es darum, das Gangmaß für einige wenige Runden auf beiden Händen zu verkürzen. Das kann durch eine kurze, durch das Handgelenk ausgelöste, wellenartige Bewegung der Longe oder auch durch ein Annehmen erreicht werden. Je nachdem, wie sich Ihr Vierbeiner verhält, sollte Ihre Stimme entweder beruhigend oder treibend wirken. Gleichzeitig muß die Peitsche, ohne Ihr Pferd zu beunruhigen, dafür sorgen, daß es trotz der Verringerung des Gangmaßes seinen Fleiß beibehält.

Dasselbe gilt auch für den anschließenden Galopp. Es ist wichtig, daß der Longenführer das Gangmaß schon nach einer kurzen versammelnden Phase wieder erweitert, indem er mit der Hand vorgeht. Dabei wirkt sich ein ständiger Wechsel zwischen Trab und Galopp positiv aus. Die versammelnde Wirkung dieser Arbeit kann man noch verstärken, indem man den Zirkeldurchmesser verkleinert. Aber ganz gleich, wie abwechslungsreich Sie das Longieren gestalten – das Zeitlimit von einer halben Stunde sollten Sie nicht überschreiten. Das bedeutet allerdings nicht, daß

Sie Ihr Pferd nach genau 30 Minuten zum Halten durchparieren und es sofort in den Stall bringen sollen. Gönnen Sie ihm eine letzte lösende Phase im Schritt mit verlängerten Ausbindern und gelockertem Gurt.

Die zuletzt beschriebene Übung, bei der es um das Verkürzen und Erweitern des Gangmaßes ging, ist sehr anspruchsvoll. Sie sollte daher nur von einem versierten Ausbilder durchgeführt werden, der über entsprechende praktische Erfahrung verfügt. Aus einem Buch lassen sich solche Lektionen nicht lernen.

Cavaletti-Arbeit auf dem Zirkel

Mit einem ausgebildeten Pferd können Sie die Arbeit an der Longe erweitern, indem Sie Bodenricks auf der Zirkellinie plazieren. Wie schon bei der Cavaletti-Arbeit auf geraden Linien, so sollen auch bei dieser Übung die Rückentätigkeit und die Bewegungsabläufe des Pferdes verbessert werden.

Um dieses Ziel auch wirklich zu erreichen, sollten Sie ein paar Dinge beachten. Leider ist es nämlich nicht damit getan, ein paar Bodenricks auf dem Zirkel aufzustellen und das Pferd unentwegt darübertraben zu lassen. Am abwechslungsreichsten können Sie die Arbeit an der Longe gestalten, wenn Ihnen eine ganze Reitbahn zur Verfügung steht. Dann können Sie auf beiden äußeren Zirkeln jeweils drei Cavaletti aufbauen, auf einem Zirkel in Trab- und auf dem anderen in Schrittabständen. Außerdem steht Ihnen noch der mittlere Kreis für die normale Longenarbeit zur Verfügung.

Denken Sie auch jetzt wieder daran, nur wenig im Schritt zu arbeiten. Zwar kann ein erfahrener Ausbilder beispielsweise das paßartige Schrei-

So können Sie die Cavaletti anordnen, wenn Ihnen eine Reitbahn zur Verfügung steht.

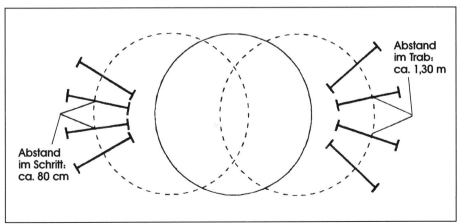

Abstand im Trab: ca. 1,30 m

Abstand im Schritt: ca. 80 cm

ten vieler Vierbeiner durch Cavaletti-Arbeit korrigieren, aber eine solche Aufgabe gehört eben wirklich in die Hände eines Könners. Im Normalfall sollten Sie Ihr Roß hauptsächlich im Trab longieren und den hohen gymnastischen Wert dieser Gangart nutzen.

Leider findet man als Longenführer nur selten solche optimalen Bedingungen vor. Wenn Sie aber in der Lage sind, Ihr Pferd problemlos auf einer zweiten Kreislinie außerhalb des Zirkels zu führen, dann gibt es auch noch eine andere Möglichkeit, sinnvoll zu arbeiten. Hierzu positionieren Sie drei bis vier möglichst niedrige Cavaletti in Trababständen auf dem Hufschlag des Zirkels. Ihr Pferd soll aber nur dann über die Bodenricks treten, wenn Sie ihm dies ausdrücklich gestatten. In der übrigen Zeit soll es die Cavaletti nur umrunden. Das ist allerdings leichter gesagt als getan! Deshalb sollten Sie sich die Arbeit etwas einfacher machen und die Cavaletti mit Fängen versehen.

Wenn Sie sich bei der Cavaletti-Arbeit unsicher fühlen, sollten Sie sie so lange hintanstellen, bis Sie einen kompetenten Fachmann gefunden haben, der Sie unterstützt.

Besondere Longiertechniken

Zum Abschluß dieses Kapitels wollen wir noch auf einige spezielle Methoden eingehen.

Beginnen wir mit einer besonderen Verschnallung der Longe, bei der ausnahmsweise auf Hilfszügel verzichtet werden kann. Diesen Vorteil machen wir uns gerne bei Korrekturpferden zunutze, die selbst auf die geringe, aber nicht zu leugnende rückwärtsweisende Wirkung der Laufferzügel empfindlich reagieren. Meist handelt es sich um Pferde, die nicht an einen weichen, gleichmäßigen Zügelkontakt gewöhnt sind. Deshalb befestigen wir die Longe am inneren Trensenring, führen sie durch den oberen Ring des Gurtes und lassen sie von hier durch den äußeren und dann wieder durch den inneren Trensenring in unsere Hand laufen.

Nun können wir das Pferd unter Einsatz von wohldosierten Peitschen- und Stimmhilfen wieder konstant an das Gebiß herantreten lassen. Anders als bei der Verwendung von Ausbindern kann das Roß nun aufgrund der gleitenden Longe in einer ganz individuellen Intensität dazu aufgefordert werden, mit der Hinterhand vermehrt unter seinen Schwerpunkt zu treten.

Wenn der Vierbeiner allerdings recht steif ist und sich ungern in die korrekte Stellung hineinbiegen möchte, dann ist es besser, die Longe zunächst am äußeren Trensenring zu befestigen. Nun wird sie wieder durch den oberen Gurtring geführt und läuft durch den inneren Trensenring von innen nach außen zum Ausbilder.

Eine Variante dieser Verschnallung kann auch helfen, ein Pferd außen auf der Kreisbahn zu halten, das immer wieder in die Mitte kommen möchte. Hierzu wird die Leine am inneren Trensenring befestigt und durch den Gurtring und den äußeren Ring des Gebisses geführt. Diesmal läuft die Longe von dort direkt in die Hand.

Natürlich dürfen diese drei Methoden nur von Ausbildern angewendet werden, die in der Lage sind, eine stetige und feine Anlehnung zum Pferdemaul zu halten.

Hilfszügel

Nun noch ein paar Worte zu den Hilfszügeln, die in diesem Buch bisher stark vernachlässigt wurden.

Sie können beispielsweise mit einem Dreieckszügel die Losgelassenheit Ihres Pferdes verbessern – vorausgesetzt, Sie sind in der Lage, genügend zu treiben. Dieser Hilfszügel wird unter dem Bauch am Gurt fixiert, läuft von innen nach außen durch beide Trensenringe und wird dann wieder seitlich am Gurt befestigt. Er besitzt tatsächlich die Eigenschaft, dem Vierbeiner den Weg in die Tiefe zu zeigen. Alle Pferde, die wir auf diese Weise ausgebunden haben, dehnten ihren Hals schon nach kurzer Zeit vorwärts-abwärts. Leider verursacht der Dreieckszügel aber – wie alle Hilfsmittel, die zwischen den Vorderbeinen hindurchgeführt werden – eine zu tiefe Kopfhaltung, die schnell den Rücken feststellt und die Hinterhand blockiert.

Denselben Negativeffekt bringt auch der Schlaufzügel mit sich.

Oft finden aber auch Hilfszügel Verwendung, die nicht nur den Kopf des Pferdes ins Bodenlose fallen lassen, sondern denen auch noch die Möglichkeit fehlt, den Pferdehals seitlich zu begrenzen. Zu dieser Gruppe zählt zum Beispiel der Stoßzügel.

Das Chambon und das Gogue wollen wir nicht näher beschreiben, da sie genauso wie die stark aufrichtenden Techniken und Hilfsmittel ausschließlich in die Hände von Fachleuten gehören. Wir möchten unter keinen Umständen dazu beitragen, daß diese Hilfszügel in der gleichen unverantwortlichen Weise zum Einsatz kommen, wie das heute beispielsweise beim Schlaufzügel der Fall ist.

Auf einen Blick: Das Training an der Longe

- Die Longenarbeit sollte einen flüssigen Übergang von der Bodenarbeit zum Training unter dem Sattel darstellen.
- Zu Beginn rüsten Sie das Pferd mit Kappzaum und Longe aus.
- Wenn Sie mit Trense longieren möchten, können Sie die Longenschnalle erst durch den Trensenring und dann durch das Backenstück eines korrekt verschnallten Hannoverschen Reithalfters fädeln.
- Durch allmähliches Verlängern der Leine bringen Sie Ihr Roß dazu, in einem kleinen Kreis um Sie herumzugehen. Dabei rahmen Sie es mit Longe und Peitsche ein, so daß sich das fürs Longieren so typische Dreieck bildet.
- Wenn sich Ihr Pferd in einer gleichmäßigen Volte um Sie herum bewegt, verlängern Sie die Longe allmählich, bis das Roß auf der Zirkellinie läuft.
- Wenn Sie in einer Reitbahn arbeiten, ist es empfehlenswert, die offene Seite des Zirkels anfangs mit Strohballen oder Hindernissen zu begrenzen.
- Der Longenführer sollte in der Mitte des Zirkels einen kleinen Kreis beschreiben. Sein ganzer Körper dreht sich in die Bewegungsrichtung des Pferdes, die Ellenbogen liegen dabei locker am Körper an.
- Die Cavaletti-Arbeit hilft Ihrem Pferd, den Hals zu dehnen und die Rückenlinie aufzuwölben. Anfangs sollten Sie Ihr Roß nur auf geraden Linien über die Bodenricks gehen lassen.
- Sie sollten beim Longieren Ausbinder verwenden – nicht, um das Pferd in eine bestimmte Körperhaltung zu zwingen, sondern damit es seinen Hals vorwärts-abwärts dehnt.
- Eine empfehlenswerte Alternative zum Ausbinder ist der Laufferzügel, der das Pferd sanft in die Tiefe dirigiert, ohne ihm die Anlehnung zu verweigern.
- Der Longenführer wirkt mit Hilfe der Longe, der Peitsche und seiner Stimme auf den vierbeinigen Schüler ein. Außerdem spielen seine Position im Zirkel und seine Körpersprache eine wichtige Rolle.

Auf einen Blick: Das Training an der Longe

- Das Pferd lernt bei der ersten Longenarbeit, sich vertrauensvoll an die Hilfszügel heranzudehnen und ein erstes Gleichmaß in den drei Grundgangarten zu finden.
- Bei ausgebildeten Pferden kann man im Trab und im Galopp das Gangmaß verkürzen und wieder erweitern. Auch das Verkleinern und Vergrößern des Zirkeldurchmessers fördert die Versammlung.
- Wenn Ihr Pferd in der Ausbildung schon weiter fortgeschritten ist, können Sie es im Schritt und im Trab über Cavaletti auf der Zirkellinie dirigieren. Auch dabei ist es wichtig, das Training abwechslungsreich zu gestalten und das Roß nicht einfach Runde um Runde über die Bodenricks latschen zu lassen.
- Es gibt Pferde, bei denen der Einsatz von Ausbindern oder Laufferzügel aus verschiedenen Gründen nicht sinnvoll ist. Für diese Rösser sind einige spezielle Methoden der Longen-Verschnallung empfehlenswert.
- Eine Trainingseinheit an der Longe sollte nicht länger als maximal 30 Minuten dauern.

Die Grundlagen der Doppellongen-Arbeit

Die Doppellonge – Vorteile und Tücken

Schon seit langer Zeit nutzen die Ausbilder von Reit- und Wagenpferden die Vorteile der Doppellonge. Denn die 16 bis 17 Meter lange Leine läßt sich in bestimmten Phasen der Grundausbildung sehr gezielt und somit effektiv einsetzen.

Warum diese nicht ganz einfache Ausbildungsmethode allerdings gerade in jüngster Zeit so in Mode gekommen ist, läßt sich nicht nur mit ihren vielseitigen Einsatzmöglichkeiten erklären. Vielmehr scheinen die zahlreichen, zum Teil zirzensisch angehauchten Shownummern an der Hand Auslöser für die wachsende Beliebtheit der Doppellonge zu sein. Da in der Regel nur Kenner die Qualität dieser Darbietungen beurteilen können, verwechselt der Zuschauer allzuschnell die auf jahrelanger Ar-

Auch wenn's draußen viel schöner ist: Sie sollten sich mit Ihrem Pferd an der Doppellonge erst dann ins Gelände wagen, wenn Sie beide schon genügend Erfahrung haben.

beit basierenden Lektionen der Hohen Schule mit geschickt herbeigeführten Schwebetritten. Letztere, irrtümlicherweise zum Vorbild genommen, lassen sich mit Hilfe einer Doppellonge auch ganz leicht beim eigenen Pferd erzeugen – und sie werden, wie schon auf der Veranstaltung, zur Freude des Vorführers und zum Leidwesen des Pferdes beklatscht. Für solche billigen Tricks sollten Sie sich aber zu schade sein, denn die Arbeit an der Doppellonge bietet wirklich eine Menge anderer Möglichkeiten.

Sie können Ihr Pferd an der Doppellonge in einem Kreis um sich herumlaufen lassen oder es jede beliebige Bahnfigur ausführen lassen, ganz wie es die jeweilige Situation erfordert. Wenn Sie die Arbeit so abwechslungsreich wie möglich gestalten, dann werden immer wieder verschiedene Muskelgruppen auf beiden Seiten des Rosses angesprochen. Es ist aber ein weitverbreiteter Irrtum, daß das Pferd auf seiner steifen Seite besonders stark gearbeitet werden muß. Meistens trainiert man ihm damit nur einen Muskelkater oder auch Schlimmeres an, und es ist sehr wahrscheinlich, daß seine Probleme beim nächsten Training nur noch größer geworden sind – eine Tatsache, die auch an der einfachen Longe in der Regel zu wenig Beachtung findet.

Der Ausbilder kann an der Doppellonge einen besseren gymnastizierenden Effekt erzielen, weil er hier schnell und unproblematisch die Hand wechseln kann. Ein weiterer Vorteil der Doppellonge liegt natürlich darin, daß man auf Ausbinder weitgehend verzichten kann.

Der Nachteil: Man ist mit den langen Leinen oft so beschäftigt, daß man dabei das Treiben vergißt. Die Arbeit an der Doppellonge muß also erst gründlich erlernt werden, und das ist im Alleingang und ohne sachkundige Anleitung so gut wie unmöglich. Sonst werden nämlich nur die Fehler, die sich schon unter dem Sattel gezeigt haben, auf diese Arbeit übertragen – ja, meist treten sie sogar noch deutlicher in Erscheinung. Fallen Sie nicht auf den äußeren Anschein herein und glauben Sie, Sie hätten Ihr Pferd an der Doppellonge besser im Griff! Dieser Irrglaube kann Sie sehr schnell ins Krankenhaus bringen.

Sie sollten die Doppellongen-Arbeit keineswegs mit den Übungen am langen Zügel oder mit den versammelnden Lektionen an der Hand gleichsetzen. Mit dem Training an der Doppellonge soll das Pferd in erster Linie gymnastiziert und nicht versammelt werden. Die Anwendung der Doppellonge stößt aber an ihre Grenzen, wenn man versucht, durch sie ein gewisses reiterliches Unvermögen zu kompensieren. Zwar kann der erfahrene Ausbilder auch am Boden Korrekturen vornehmen, doch diese sind nur loses Stückwerk, wenn keine solide reiterliche Grundausbildung vorhanden ist. Machen Sie sich mit der Wirkungsweise der Doppellonge genau vertraut, denn Fehler führen zu einem nicht wieder gutzumachenden Vertrauensverlust.

Voraussetzungen

Grundsätzlich eignen sich natürlich alle Pferde für die Arbeit an der Doppellonge. Trotzdem sollten Sie vielleicht mit einem sehr schreckhaften, vor allem aber mit einem sehr aggressiven Roß von dieser Art des Trainings besser absehen. Falls es Sie attackieren möchte, kann es sich nämlich schnell in den Leinen verwickeln, und das wiederum kann auf beiden Seiten zu Verletzungen führen.

In jedem Fall sollten Sie Ihren Vierbeiner durch sorgfältige Bodenarbeit auf das Training an der Doppellonge vorbereiten. Denn es ist für Sie die beste Unfallversicherung, wenn Ihr Pferd die Kommandos „Halt", „Zurück", „Scheeritt" und „Teerab" versteht und befolgt und auch das Seitwärtstreten beherrscht. Sollte es sich nämlich wirklich einmal in der Longe verfangen, so kann man es dann unproblematisch auf Zuruf stoppen.

Gewöhnung des Pferdes an die Leinen

Die Doppellongen-Arbeit fordert von Mensch und Pferd sehr viel Vertrauen und Erfahrung. Bevor ein Pferd die Doppellonge kennenlernt, sollte es das Einmaleins der Bodenarbeit im Schlaf beherrschen und vertrauensvoll mit Ihnen zusammenarbeiten.

Für die nächsten drei Lektionen suchen Sie sich am besten einen pferdeerfahrenen Helfer. Dieser Retter in der Not greift aber nur dann ein, wenn die Situation kritisch wird. Im Normalfall sollte der Helfer so wenig wie möglich in Erscheinung treten, damit er Ihren Vierbeiner nicht von Ihnen ablenkt.

Am besten beginnen Sie mit einer Übung, die Ihr Pferd schon von der Bodenarbeit her kennt, nämlich mit der Lektion „Anhalten und Stehenbleiben". Nach dem Kommando „Halt!" übergeben Sie Ihrem Helfer den Strick und gehen einmal um Ihr Roß herum. Bleibt es ruhig stehen, so nehmen Sie das Ende einer Longe oder eines Stricks und lassen es gegen die Pferdeschulter baumeln. Seien Sie nicht ungeduldig! Geht Ihr Pferd einmal einen Schritt vorwärts, lassen Sie es erneut anhalten, und probieren Sie es noch einmal. Am Anfang hat jedes Pferd mit diesen widersprüchlichen Kommandos Probleme. Merkt es aber, daß es lediglich ruhig stehenbleiben soll, so wird es sich wieder entspannen. Wenn es sich nicht von der Stelle gerührt hat, dann sollten Sie es überschwenglich loben.

Es ist wichtig, daß hier nicht der Helfer die Aufgaben des Ausbilders übernimmt und anfängt, lobend oder beruhigend auf das Pferd einzureden. Sonst sind Sie später bei der Doppellongen-Arbeit immer auf einen Helfer angewiesen.

Gehen Sie nun langsam weiter nach hinten, und lassen Sie den Strick auch gegen die Flanke baumeln. Denken Sie aber daran, daß viele Pferde an den Hinterbeinen besonders empfindlich sind und ohne große Vorwarnung ausschlagen können. Selbstverständlich muß diese Übung auf beiden Seiten trainiert werden. Später üben Sie die Lektion auch im Schritt. Gehen Sie auf Höhe der Kruppe seitlich neben dem Pferd, und lassen Sie den Strick erneut gegen die Flanke baumeln. Der Vierbeiner soll bei dieser Übung weder mit der Hinterhand ausweichen noch seinen Schritt beschleunigen oder gar in den Trab fallen. Üben Sie diese Lektion geduldig so lange, bis sie sitzt. Ansonsten gefährden Sie später Ihre eigene Sicherheit und die Ihres Pferdes.

Als nächstes versuchen Sie zu simulieren, wie die Doppellonge über den Pferderücken gleitet. Dazu stehen Sie links neben dem Roß, während Ihr Helfer auf der rechten Seite positioniert ist. Nun reichen Sie ihm über den Pferderücken das Ende einer Longe. Wenn Ihr Pferd ruhig bleibt, ziehen Sie und Ihr Helfer abwechselnd an der Leine und lassen sie so immer wieder hin und her gleiten. Später stellt sich Ihr Helfer auf der linken Seite neben den Pferdekopf, während Sie sich links auf Höhe der Kruppe befinden. Zusammen lassen Sie nun die Longe immer wieder längs gegen das Pferd baumeln. Nach Ihren geduldigen Vorbereitungen wird es sicher auch in dieser Situation ruhig bleiben.

Nun müssen Sie Ihr Pferd von beiden Seiten auf das Überwerfen der Leinen vorbereiten. Hierzu befestigen Sie die Longe zunächst auf der linken Seite am Halfter und begeben sich zur linken Schulter des Pferdes. Um gegebenenfalls eingreifen zu können, steht Ihr Helfer seitlich neben dem Pferdekopf. Nun bewegen Sie sich rückwärts nach hinten, wobei Sie die Longe gleichmäßig verlängern. Sie sollten bei dieser Übung ruhig mit Ihrem Pferd reden, damit es weiß, wo Sie sich gerade befinden. Treten Sie dabei so weit zurück, daß das Roß Sie auch dann nicht trifft, wenn es einmal unerwartet seitlich ausschlägt.

Nun begeben Sie sich vorsichtig von der linken zur rechten Seite und werfen dabei gleichzeitig die Longe in einer ruhigen und gleichmäßigen Bewegung über die Kruppe. Bei dieser Lektion darf auf keinen Fall Hektik oder Nervosität aufkommen! Wiederholen Sie die Übung, indem Sie immer wieder hinter dem Pferd von links nach rechts wechseln. Sollte Ihnen Ihr Pferd schon im Vorfeld zu unruhig erscheinen, so begnügen Sie sich zunächst damit, die

Fahren vom Boden und Arbeit am langen Zügel – was ist was?

Der Aufschwung, den die Ausbildung mit der Doppellonge in letzter Zeit erfahren hat, brachte Verwechslungen mit dem Fahren vom Boden aus beziehungsweise mit der Arbeit am langen Zügel mit sich. Besonders wenn die Doppellongen-Arbeit von Einsteigern als Fahren vom Boden aus gestaltet wird, scheint vielen der Weg zu Piaffen und Passagen nicht mehr weit zu sein.

Natürlich gehört es zur Ausbildung eines Fahrpferdes, daß es von beiden Leinen eingeschlossen gearbeitet wird, während der Longenführer hinter ihm schreitet. Dieser Teil des Einfahrens sollte sich aber keineswegs darauf beschränken, daß einfach jemand ohne Anlehnung hinter dem Pferd herläuft.

Das Fahren vom Boden aus kann durchaus mit der Doppellongen-Arbeit gleichgesetzt werden – aber nur, wenn es sich nicht auf bloßes „Hinterherlaufen" beschränkt.

Leider wird das Fahren vom Boden aber oft mit diesem ungenügenden Anspruch betrieben – und deshalb weisen wir in diesem Buch darauf hin, daß das „Hinterherlaufen" nicht mit der Arbeit an der Doppellonge gleichgesetzt werden kann.

Anders sieht es aus, wenn das Fahren vom Boden von einem versierten Ausbilder durchgeführt wird. Denn es ist zwar ein Teil des Einfahrens, sollte aber neben der Gewöhnung des Rosses an die Leinen auch die Kriterien der Reitpferdeausbildung erfüllen.

Bei der Arbeit an der Hand beziehungsweise am langen Zügel handelt es sich in der Regel um das Vorstellen eines Pferdes, das den höchsten Ansprüchen einer dressurmäßigen Ausbildung entspricht – denken wir beispielsweise an die Vorführungen in der Spanischen Reitschule in Wien. Diese fortgeschrittene Dressurarbeit hat einen stark versammelnden Charakter und verlangt vom Ausbilder hervorragende Kenntnisse und Fähigkeiten.

Longe nur gegen seine Flanke pendeln zu lassen. Manchmal dauert es eine Woche oder auch länger, bis die Leinen problemlos übergeworfen werden können.

Bei der dritten und letzten Übung soll sich Ihr Vierbeiner daran gewöhnen, daß die Longe um seine Hinterbeine herumläuft. Dazu nehmen Sie nochmals die Position seitlich hinter dem Pferd ein und wechseln erneut mehrmals die Seiten. Diesmal führen Sie die Longe aber nicht über die Kruppe, sondern lassen sie an den Hinterbeinen die Sprunggelenkshöcker berühren.

Nach einiger Zeit sollte es Ihnen möglich sein, das Pferd mit der Longe vom Halfter auf der einen Seite bis zur Flanke der anderen Seite einzurahmen, ohne daß es sich dadurch belästigt fühlt.

Die allgemeine Hilfengebung

Haben Sie schon einmal eine Demonstration an der Doppellonge genau beobachtet? Wenn Sie keinerlei Hilfen des Longenführers gesehen oder gehört haben, dann haben Sie eine wirkliche Koryphäe entdeckt, anderenfalls ...

Ebenso wie gute Reiter verstehen es die Könner an der Doppellonge, ihre Hilfengebung auf ein Minimum zu beschränken. Auch Sie sollten dieses hohe Niveau anstreben und versuchen, die doch sehr umfangreiche Theorie korrekt in die Praxis umzusetzen.

Die Doppellongen-Arbeit, so wie wir sie verstehen, orientiert sich sehr stark an der Reitlehre. Das macht sie nicht unbedingt einfacher, hilft Ihnen aber später im Sattel, bestimmte Zusammenhänge besser zu verstehen. Wie verständigt man sich mit seinem Pferd, wenn man nur zwei Leinen und die eigene Körpersprache zur Verfügung hat? Normalerweise stehen die verschiedenen Hilfen in einem so engen Zusammenhang, daß man sie nicht voneinander losgelöst betrachten sollte. Trotzdem möchten wir sie Ihnen erst einmal einzeln vorstellen. Das genaue Zusammenspiel der Hilfen werden wir Ihnen später bei der Beschreibung der verschiedenen Lektionen detaillierter erklären.

Verhaltende Hilfen

Zu ihnen gehören natürlich in erster Linie die Leinenhilfen. Hier bekommen vor allem diejenigen Reiter Probleme, die im Unterricht immer mit dem Standardkommando „Annehmen und Nachgeben!" abgefertigt wurden, ohne daß man ihnen die Zügelhilfen näher erläutert hätte. Hierbei handelt es sich gleich um zwei der Hilfen, die wir uns näher anschauen sollten.

Die **annehmende Leinenhilfe** erfolgt durch ein Schließen der Hand. Diese Aktion wird immer wieder mit dem Ausdrücken eines nassen Schwammes verglichen. Probieren Sie es ruhig einmal aus: Nehmen Sie einen vollgesogenen Schwamm, und beginnen Sie, die Hand weich zu schließen. Bei der angestrebten sanften Einwirkung dürfen Sie entweder gar kein Wasser oder nur wenige Tropfen verlieren. Ist Ihr Pferd nicht ganz so sensibel, wie es sein sollte, dann stehen Ihrer Faust noch weitere Steigerungen bis zum völligen Ausdrücken des Schwammes zur Verfügung. Aber selbst damit sind Ihre Möglichkeiten noch nicht ausgeschöpft. Im Einzelfall können Sie zusätzlich Ihr Handgelenk eindrehen. Einen solchen Druck dürfen Sie aber nicht konstant ausüben, sonst ziehen Sie sich unweigerlich fest. Denken Sie also immer daran, mit Ihren Mitteln maßzuhalten. Schließlich möchten Sie Ihr Pferd ja nicht abstumpfen, sondern sensibler machen. Ignoriert das Roß Ihre Wünsche, so kehrt Ihre Hand wieder in die Ausgangshaltung zurück. Anschließend verstärken Sie Ihre Einwirkung nach dem Motto „So viel wie nötig, aber so wenig wie möglich!"

Die **nachgebende Leinenhilfe** kann je nach Situation stark variieren. Sie reicht von einem leichten Öffnen der Faust bis zum Vorgehen des Unterarms. Egal, wie stark Sie nachgeben – Sie müssen auf jeden Fall darauf achten, daß Sie den Kontakt zum Pferdemaul nicht verlieren. Das passiert sehr leicht, wenn Sie sich die Longe durch die Hände gleiten lassen oder sie zu stark nach vorne werfen.

Der größere Zusammenhang ...

Denken Sie immer daran, die Hilfen im Zusammenhang zu sehen! Das gilt ganz besonders für die annehmenden und nachgebenden Leinenhilfen. Sie wechseln einander ständig ab und sind somit untrennbare Partner.

Die **verwahrende Leinenhilfe** unterstützt die innere Longe bei Stellungen und Biegungen in ihrer richtungweisenden Aufgabe. Ein Beispiel: Die innere Leine leitet die Stellung des Pferdes nach links ein. Nun gibt die verwahrende äußere Leine nur so viel nach, wie die innere angenommen wurde. Gleichzeitig verhindert sie auch ein extremes und damit schädliches Abbiegen des Halses. Aber die verwahrende Hilfe kann noch mehr. Wird die äußere Longe um das Pferd herumgeführt, so begrenzt sie die seitliche Bewegung und verhindert so beispielsweise ein Ausfallen der Hinterhand. Die äußere Leine kann also den Part des verwahrenden Schenkels übernehmen. Auch eine **seitwärtsweisende Leinenhilfe** kann für die Doppellongen-Arbeit besonders bei noch unerfahrenen Pferden recht hilfreich sein. Hierbei nimmt zum Beispiel die annehmende innere Hand zusätzlich eine Position ein, die das Pferd in die gewünschte Richtung weist. Beendet wird diese Hilfe durch ein deutliches Nachgeben, das schon durch eine vorsichtige Rückkehr in die Grundhaltung erreicht wird.

Einen gekonnten und wohldurchdachten Einsatz der Hände verlangt die **aushaltende** beziehungsweise **durchhaltende Leinenhilfe.** Sie wird ein- oder auch beidseitig angewendet und veranlaßt das Pferd, sich am Gebiß abzustoßen. Diese Reaktion des Pferdes erreicht man, indem man die Hände, soweit die Umstände dies zulassen, passiv hält. Sie bleiben in ihrer Grundstellung und halten einen durch das Pferd verursachten Druck auf das Gebiß aus. Die Dauer dieser Aktion ist absolut situationsbedingt. Der Longenführer muß abschätzen, ob er auf das Nachgeben des Pferdes wartet oder ob er den Versuch abbricht und ihn später in einem günstigeren Moment wiederholt. In beiden Fällen muß auf das Durchhalten sofort eine nachgebende Hilfe folgen. Ist das Pferd fortgeschritten und weitgehend durchlässig, so kann durchaus die annehmende mit der aushaltenden Leinenhilfe gleichgesetzt werden. In diesem Fall sind die Hilfen des Longenführers für den Außenstehenden kaum noch zu sehen.

Treibende Hilfen

Wie man eine Longierpeitsche sinnvoll einsetzt, haben wir schon auf Seite 49 beschrieben. Auch bei der Doppellongen-Arbeit ist sie unentbehrlich.

Um die treibende Peitschenhilfe beim Training an der Doppellonge korrekt einzusetzen, brauchen Sie sehr viel Fingerspitzengefühl und körperliche Beweglichkeit. Ohne auf Ihre Hände zu achten, müssen Sie einen stetigen, beidseitigen Kontakt zum Pferdemaul halten, geschickt und gefühlvoll mit der Peitsche agieren und so das Zusammenspiel von verhaltenden und treibenden Einwirkungen koordinieren. Nur wenn Sie die verschiedenen Hilfen korrekt einsetzen, können Sie wunschgemäß auf Hilfszügel verzichten. Wenn Sie also bei der Handhabung der Peitsche unsicher sind, sollten Sie dieses Defizit erst beheben, bevor Sie sich an die Doppellonge heranwagen.

Seitwärtstreibende Hilfen

Der seitwärtstreibende Schenkel des Reiters wird an der Doppellonge durch die Leine ersetzt, die am Pferdekörper anliegt. Wenn Sie die Leine deutlich anlegen, müssen Sie darauf achten, daß sie dabei nicht gegen die Flanke des Pferdes schlägt – sonst wird der gleichmäßige Kontakt zum Pferdemaul gestört. Eine solche feine Einwirkung zeigt natürlich nur die gewünschte Wirkung, wenn das Zusammenspiel der Hilfen stimmt. Auf diese Problematik werden wir noch bei der Beschreibung derjenigen Lektionen eingehen, in denen seitwärtstreibende Hilfen benötigt werden.

Die treibende Stimmhilfe

Sicher hat die Stimme in der Pferdeausbildung eine große Bedeutung. Trotzdem sollte man ihre Möglichkeiten nicht überschätzen. Zwar kann man allein mit der Stimme eine ganz nette zirkusreife Vorstellung an der Doppellonge entwickeln, aber die notwendige Gymnastizierung wird sich damit wohl kaum erzielen lassen. Wie möchten Sie Ihr Pferd beispielsweise mit einem Stimmkommando dazu bewegen, daß es seine Sprunggelenke mehr beugt?

Die treibende Stimmhilfe sollte bei der Doppellongen-Arbeit mit größter Vorsicht eingesetzt werden. Nicht wenige Pferdebesitzer wurden schon zu Boden gerissen, weil sie überfallartig und/oder in einem zu scharfen Tonfall Kommandos gaben, die bei ihren Vierbeinern reflexartige Fluchtreaktionen auslösten! Aber auch das Gegenteil ist möglich – nämlich, daß Ihr Roß überhaupt nicht reagiert. Es muß nicht zwangsläufig schwerhörig sein. Meist handelt es sich um einen kurz- oder längerfristigen Ungehorsam. Es kann natürlich auch sein, daß Ihr Pferd durch zu laute Stimmkommandos schon abgestumpft ist.

Die treibende Wirkung des Longenführers

Es liegt in der Natur des Pferdes, daß es sich von einem Tier oder eben einem Menschen, der hinter ihm geht, treiben läßt. Diesen Reflex löst auch der Ausbilder an der Doppellonge aus. So ist der treibende Effekt, den ein Longenführer durch seine Posi-

Wenn Sie sich in Richtung Hinterhand positionieren, üben Sie eine treibende Wirkung aus.

tion oder Gestik ausüben kann, von nicht geringer Bedeutung. Zwar kann man mit der Körpersprache oft überraschend gute Erfolge erzielen – denken Sie aber daran, sie nur im Zusammenspiel mit anderen Hilfen anzuwenden!

Paraden

Wurden Ihnen in Ihrer Reitschule die verhaltenden Zügelhilfen in der Praxis wie auch in der Theorie ausgiebig erklärt? Dann dürfen Sie sich wirklich glücklich schätzen und Ihre Reitschule wärmstens weiterempfehlen. Unabhängig von Ihrer reiterlichen Vorbildung gehen wir nun aber auf die Paraden etwas genauer ein, da sie besonders dann wichtig werden, wenn die Doppellonge die Arbeit unter dem Sattel vorbereiten soll.

Halbe Paraden werden sehr häufig genutzt – Sie brauchen sie zum Beispiel, wenn Sie Ihr Pferd auf gerader Linie dazu veranlassen wollen, vermehrt unter seinen Schwerpunkt zu treten. Sie geben dazu beidseitig annehmende oder auch durchhaltende Hilfen, denen immer eine nachgebende Zügelhilfe folgen muß. All diese Aktionen bleiben aber im Ansatz stecken, wenn sie nicht von treibenden Hilfen begleitet werden. Das Pferd soll gleichmäßig an die Hand herangetrieben werden. Der richtige Gebrauch der Peitsche ist also unerläßlich! Zwar ist es ein Nachteil der Doppellongen-Arbeit, daß man beim Treiben ohne Gewicht und Schenkel auskommen muß – dafür können Sie die Reaktionen des Pferdes auf Ihre Hilfen aber sehen.

Zeigt Ihr Roß nun überhaupt keine oder abwehrende Reaktionen, dann liegt dies meist an der ungenauen Hilfengebung des Ausbilders. Haben Sie Ihr Treiben genügend auf die Aktion Ihrer Hände abgestimmt und auch rechtzeitig nachgegeben?

Natürlich ist es auch möglich, daß Ihr Pferd nicht genügend an das Gebiß herangetreten ist und sich auf diese Weise Ihrer Kontrolle entzogen hat. Vielleicht war aber auch Ihre Einwirkung zu hart und hat somit die Hinterhand und die Rückentätigkeit blockiert. Es kann auch sein, daß Ihr Pferd noch überhaupt keine Paraden kennt. In diesem Fall müssen Sie es erst mit dieser Aktion vertraut machen.

Reagiert es am Anfang auch noch so minimal, so wird die Hilfe gleich abgebrochen und das Pferd ausgiebig gelobt. Das setzt aber wiederum voraus, daß es sich mit sicherer Anlehnung von hinten nach vorne bewegen läßt. Ohne Entwicklung der Schubkraft keine Nachgiebigkeit im Genick – und ohne diese wiederum keine Durchlässigkeit, die die halbe Parade wenigstens im Ansatz auf die Hinterhand treffen läßt. Lesen Sie hierzu bitte den Abschnitt „Anlehnung und Beizäumung" ab Seite 80.

Sie können die halbe Parade natürlich auch einseitig anwenden, indem

Sie das Pferd auf gebogenen Linien vermehrt an die äußere Hand herantreiben.

Fallen Ihnen und Ihrem Pferd schon die halben Paraden schwer, dann werden Sie bei der ganzen Parade natürlich große Probleme bekommen.

Die **ganze Parade** zum Halt muß bei weniger durchlässigen Pferden gründlich vorbereitet werden. Vor dem anvisierten Haltepunkt müssen diese Rösser erst durch halbe Paraden aufmerksam gemacht werden, damit sie vermehrt unter ihren Schwerpunkt treten. Dann werden sie gegen die anstehende Hand getrieben, bis sie stehen.

An dieser Stelle zeigen sich Fehler in der Hilfengebung besonders deutlich. Wenn das Pferd reagiert und nicht sofort durch Nachgeben belohnt wird, muß es sich zwangsläufig am Gebiß stoßen. In den meisten Fällen weicht es dann nach hinten aus und tritt deutlich rückwärts. Dieses Mißgeschick tarnen viele Ausbilder damit, daß sie behaupten, sie hätten das Pferd ohnehin rückwärtsrichten wollen ...

Anlehnung und Beizäumung

„Runter mit dem Pferdekopf – koste es, was es wolle", scheinen sich zahlreiche Reitlehrer und Bereiter auf die Fahnen geschrieben zu haben. Kein Wunder, daß viele Reiter, abgeschreckt von so viel hippologischem Stumpfsinn, auf eine Zügelverbindung mit ihrem Vierbeiner weitgehend verzichten. Unserer Meinung nach hat ein Pferd aber ein Anrecht auf eine optimale Ausbildung, die seine Gesundheit möglichst lange erhält. Um diesem Anspruch gerecht zu werden, muß das Roß gymnastiziert werden – und dafür ist die Anlehnung unerläßlich.

Deshalb sollten Sie sich darum bemühen, mit Ihren Händen eine stetige und elastische Verbindung zum Pferdemaul zu halten. Das mag Ihnen anfangs übertrieben erscheinen, aber schauen wir uns doch einmal die Ausbildung eines jungen Pferdes an:

In der ersten Phase des Anreitens ist das Pferd damit beschäftigt, auf welchem Weg auch immer sein Gleichgewicht unter dem Reiter zu finden. Wie würden Sie sich verhalten, wenn Sie einen Krug mit Wasser auf dem Kopf tragen müßten? Sie würden in alle Richtungen schwanken und versuchen, Ihre Balance zu finden, indem Sie Ihre Beine herausstellen und mit den Armen rudern würden. Nun würden Sie ein starkes Übergewicht nach vorn bekommen und eine Wand nutzen, um sich an ihr abzustützen. Am Anfang würden Sie noch einen starken Halt brauchen. Später könnte schon der Gedanke an diese Stütze ausreichen, um Sie davon abzuhalten, nach vorn zu fallen. Ihrem Pferd ergeht es da nicht anders. Einerseits wird es seitlich schwanken und mit der Hinterhand

Durch eine stetige und elastische Verbindung zum Pferdemaul erreichen Sie, daß sich das Roß vorwärts-abwärts an das Gebiß herandehnt.

ausfallen. So vergrößert es die Fläche, auf der es Halt und Stütze findet. Außerdem benutzen Pferde ihren Hals als Balancierstange. Ihr Roß wird die unterschiedlichsten Bewegungen ausführen, um sein Gleichgewicht trotz Reiter wiederherzustellen. Dabei findet es in der gleichmäßigen, leichten Zügelverbindung einen Halt. Später bietet die Anlehnung dem Pferd nur noch einen Orientierungspunkt, um sich und den Reiter ausbalancieren zu können. Das Gebiß wird zur Stätte seines Vertrauens, die Reiterhand zu einem Freund, an den man sich anlehnen, von dem man sich aber auch wieder abstoßen kann.

Die elastische Verbindung zum Pferdemaul ist aber nicht nur wichtig, damit das Roß seine Balance findet, sondern sie hilft auch, den Rücken des Tieres in Schwingung zu versetzen. Jeder, der das nicht glaubt, sollte einmal das Ende eines Springseils in die Hand nehmen und das andere auf den Boden legen. Versuchen Sie nun, das Seil zum Schwingen zu bringen. Es wird Ihnen nicht gelingen – genau wie es nicht möglich ist, den Rücken eines Pferdes zum Schwingen zu bringen, wenn die Anlehnung fehlt.

Denken Sie nur einmal an **das Vorwärts-Abwärts-Reiten. Wo bliebe der gymnastische Nutzen dieser Me-**

> **Wie sieht es mit der Beizäumung aus?**
>
> Es scheint so, als würden jeden Tag neue Hilfsmittel erfunden oder zweckentfremdet, um die Beizäumung von Pferden zu erzwingen. Dabei stehen die meisten Rösser, die eine gute Grundausbildung genossen haben, auch am Zügel. Beinahe jedes Pferd tritt durchs Genick, wenn es mit Hilfe einer sicheren und feinen Anlehnung bei guter Schwungentfaltung und losgelassener Muskulatur gearbeitet wurde. Bedenken Sie: Die Beizäumung ist nur ein fortgeschrittenes Stadium der Anlehnung.
>
> Leider ist dieser Weg nicht nur ziemlich lang, sondern auch sehr schmal. So kommen nicht nur ungeduldige, sondern auch unerfahrene Reiter oft vom richtigen Pfad ab. Die Pferde gehen dann gegen den Zügel, hinter, auf oder über dem Zügel – und nicht selten auch mit einem falschen Knick. In der Regel werden diese Probleme durch Unstimmigkeiten in der Hilfegebung hervorgerufen.

thode ohne die Anlehnung? Das Pferd würde der vorgehenden Hand nicht folgen und auf eine Dehnung des Halses verzichten. Durch diese Dehnung werden aber die Dornfortsätze des Widerristes aufgerichtet, und somit wird der Rücken gehoben.

Der Einstieg in die Doppellongen-Arbeit

Wenn Sie Ihr Pferd zum erstenmal an der Doppellonge arbeiten wollen, rüsten Sie es am besten mit einem Longiergurt, einem Paar Gamaschen und einem Trensenzaum ohne Zügel aus. Über das Kopfzeug legen Sie ein Stallhalfter und schnallen im unteren Ring einen Strick ein.

Am Longierplatz angekommen, lassen Sie Ihr Roß auf dem Hufschlag des Zirkels anhalten und geben Ihrem Helfer den Führstrick in die Hand.

Treten Sie auf die rechte Seite Ihres Pferdes. Nun führen Sie den Karabinerhaken der ersten Leine durch den mittleren Ring des Longiergurtes und von dort zum Trensenring, wo Sie ihn einhaken. Danach reichen Sie Ihrem Helfer über den Pferderücken die komplette Doppellonge. Anschließend gehen Sie auf die linke Seite des Pferdes und schnallen dort auf die gleiche Weise die andere Leine ein. Am Anfang sollten Sie die äußere Leine über den Pferderücken laufen lassen. Erst später, wenn das Pferd mit der Doppellongen-Arbeit ausreichend vertraut ist, führen Sie sie um die Hinterhand.

Nun ist der Zeitpunkt gekommen, sich über die richtige Leinenhaltung Gedanken zu machen.

Wie halte ich die Doppellonge?

Die Leinenhaltung ist keinen allgemeingültigen Regeln unterworfen und liegt somit im Ermessen des Longenführers.

Wenn Sie Ihr Pferd mit der Doppellonge auf seine Aufgabe als Fahrpferd vorbereiten wollen, so empfiehlt es sich, beide Leinen in einer Hand zu halten.

Am besten beginnen Sie mit der Arbeit auf der linken Seite. Dazu nehmen Sie die Leinen in die linke Hand. Die innere Leine läuft wie eine einfache Longe über den Knöchel des Zeigefingers, während die äußere zwischen Ring- und Mittelfinger gehalten wird. Der Rest der Leine kann über den kleinen Finger gehängt werden. Auf gar keinen Fall dürfen Sie sich die restlichen Longenschlaufen über die Hand oder den Arm hängen – sonst kann es leicht passieren, daß Sie an diesen Körperteilen von Ihrem Pferd durch die Reitbahn gezogen werden! Die Peitsche befindet sich in Ihrer rechten Hand.

Wenn Sie rechtsherum longieren möchten, halten Sie die Peitsche in der linken und die Longen in der rechten Hand, wobei nun aber die innere Leine zwischen Ring- und Mittelfinger und die äußere über dem Zeigefinger liegt.

Als Reiter entscheiden Sie sich vielleicht für die Möglichkeit, die Lon-

So halten Sie die Leinen, wenn Sie auf der rechten Hand arbeiten.

gen beidhändig zu führen. Die innere Leine können Sie dann wie bei der einfachen Longe über den Zeigefinger laufen lassen, während Sie das äußere Gegenstück mit den unteren drei Fingern halten, um auch noch die Peitsche aufnehmen zu können.

Das Aufnehmen der Longen

Um die Longen richtig sortiert in die innere Hand zu bekommen, empfehlen wir Ihnen, die Leinen zunächst in der äußeren Hand zu halten. Klemmen Sie sich die Peitsche mit der Spitze nach hinten unter den Arm, und lassen Sie beide Leinen über den Zeigefinger aus der Hand herauslaufen. Nun greifen Sie mit der inneren Hand so hinein, daß die innere Longe über dem Zeigefinger und die äußere Longe zwischen dem Ring- und dem Mittelfinger zu liegen kommt. Während Sie sich nun rückwärts zur Zirkelmitte bewegen, verlängern Sie die Leinen, indem Sie sie Schlaufe für Schlaufe aus der äußeren Hand heraus und durch Ihre leicht geöffnete innere Hand gleiten lassen.

Da Ihr Pferd ja immer noch von dem Helfer gehalten wird, sollten Sie die Gunst der Stunde nutzen und auch gleich das Aufnehmen der Longen üben. Zu diesem Zweck kehren Sie den Bewegungsablauf einfach um. Während Sie sich also auf Ihren Vierbeiner zubewegen, gleitet Ihre innere Hand so weit nach vorne, daß die aufgenommene Longe gleich als eine 25 bis 30 Zentimeter große Schlaufe von der anderen Hand eingesammelt werden kann.

Selbst wenn Sie bisher noch keine Schwierigkeiten hatten, werden Probleme auftauchen, sobald Sie mit der Peitsche agieren möchten. Wie kann man sie gleichzeitig mit der restlichen Doppellonge in einer Hand halten? Eigentlich gar nicht! Deshalb empfehlen wir Ihnen ja, beide Longen in der inneren Hand zu halten. Dabei bleibt die äußere Hand für die treibenden Hilfen frei. Nun kann Ihr Helfer den Führstrick lösen und sich etwas seitlich hinter Sie stellen, während Sie Ihr Roß

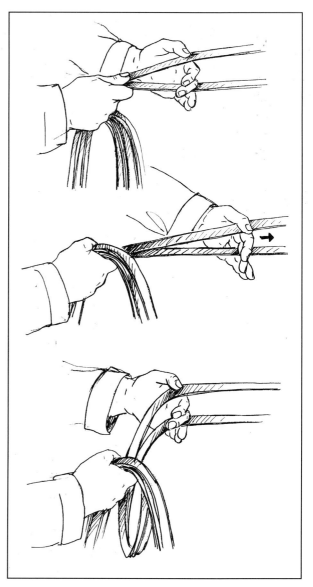

So nehmen Sie die Leinen auf: Lassen Sie sie über den Zeigefinger der äußeren Hand laufen, und greifen Sie mit der inneren Hand so hinein, daß die innere Leine über dem Zeigefinger und die äußere zwischen Ring- und Mittelfinger zu liegen kommt.

Ihr Pferd wird sich anfangs wie beim einfachen Longieren verhalten.

durch ein leichtes Anheben der Peitsche und mit Hilfe Ihrer Stimme zum Antreten auffordern. Dabei sollte es von Anfang an ruhig und fleißig vorwärtsgehen. Achten Sie darauf, daß Sie eine gerade und in die Bewegungsrichtung des Pferdes gewandte Haltung einnehmen. So können Sie am einfachsten eine feine und leichte Anlehnung halten.

Wie verlängert und verkürzt man die Leinen?

Wenn Sie die Longen verlängern, indem Sie mit der leinenführenden Hand vorgehen, dann brauchen Sie später auch keine weit ausholenden, wedelnden Armbewegungen zu machen, um die Leinen wieder einzusammeln. Die meisten Schwierigkeiten beim Verkürzen der Longen treten dann auf, wenn Sie gleich zu Beginn der Arbeit zu viel Leine aus der Hand herausgelassen haben.

Nun ist es wichtig, mit der Peitsche in der äußeren Hand den Vierbeiner kontinuierlich an das Gebiß herantreten zu lassen. Wer immer noch glaubt, sich mit den Leinen ohne große Vorkenntnisse an das Pferdemaul heranfummeln zu können, der dürfte den Schritt seines Rosses in kürzester Zeit ramponiert haben.

Beschleicht Sie gerade das Gefühl, daß unsere Beschreibungen der Doppellongen-Arbeit eine rechte komplizierte Form annehmen, so müssen wir Sie warnen. Es kommt noch schlimmer!

Gehen wir nun wieder zurück auf den Zirkel. Sie werden feststellen, daß Ihr Pferd durchaus gewillt ist, in gewohnter Weise einen Kreis um Sie herum zu beschreiben. Jetzt müssen Sie sich auch darüber Gedanken machen, wie Sie Ihrem Pferd die erforderliche Innenstellung geben können. Die einhändige Leinenführung ermöglicht es Ihnen, zum Beispiel nur durch ein Aufwärtsdrehen des Handrückens gleichzeitig die innere Longe zu verkürzen und die äußere zu verlängern.

Wir empfehlen Ihnen, mit der peitschenführenden Hand noch zusätzlich in die äußere Leine hineinzugreifen. Hierzu umfassen Sie die Longe von oben mit den unteren drei Fingern und ziehen sie etwa 20 Zentimeter heraus. Im Bereich des Fahrsports wird dieser Teil der Leine auch als Mittelstück bezeichnet. Ansonsten hat die von uns beschriebene Führung der Longen aber wenig mit der Leinenhaltung eines Fahrers gemeinsam.

Sollten Sie nun Schwierigkeiten bekommen, die Peitsche auch weiterhin in Richtung Hinterhand zeigen zu lassen, so können Sie ohne weiteres das Mittelstück verlängern, denn Ihre beiden Hände müssen nicht direkt nebeneinander agieren. Wichtig ist, daß Sie die Peitsche einsetzen können, ohne Ihr Pferd im Maul zu stören. Daß wir Ihnen raten, mit der Peitschenhand in die äußere Leine zu greifen, obwohl wir eigentlich für eine einhändige Leinenführung plädieren, hat seinen Grund: Sie sollen der verwahrenden, äußeren Leine besondere Beachtung schenken. Zwar wird durch das Aufwärtsdrehen des Handrückens die innere Longe genügend angenommen, um das Pferd nach innen zu stellen. Doch das gleichzeitige Verlängern der äußeren Longe erfolgt auf diese Weise oft zu ungenau. Hilft Ihre äußere Hand bei der Leinenhaltung mit, so können Sie sowohl die Stellung als auch die Position der äußeren Schulter besser beeinflussen.

Setzen Sie sich bewußt mit der Leinenhaltung auseinander, und verinnerlichen Sie, daß sich jede noch so kleine und unbedachte Aktion Ihrer Hände gleich in doppelter Hinsicht negativ auf das Pferdemaul auswirkt. Ein Reiter, der ohne Probleme eine feine Anlehnung halten kann, wird seine Zügelführung durch die Doppellongen-Arbeit noch verbessern. Wenn Sie im Sattel jedoch Schwierigkeiten haben, Ihre Hände ruhig zu halten, dann können Sie mit der Doppellonge die Erfahrung machen, daß Ihr Pferd wesentlich eher bereit ist, an eine passive Hand heranzutreten. Allerdings erreichen Sie keine sichere Anlehnung, indem Sie versuchen, Ihre Hände zur Bewegungslosigkeit zu zwingen.

Doch zurück zum Zirkel. Wenn Sie Ihr Pferd zum erstenmal mit zwei Leinen im Kreis laufen lassen, werden Sie feststellen, daß es von der Doppellonge gar keine Notiz nimmt. Warum sollte es auch? Schließlich

Ruhige Hände?

Vielleicht hat Ihnen Ihr Reitlehrer schon einmal zugerufen: „Hände ruhiger!" Dieses Kommando hat oft fatale Folgen. Unruhige Hände haben ihre Ursache nämlich meistens in der fehlenden Balance des Reiters. Wird ein nicht im Gleichgewicht sitzender Schüler aufgefordert, die Hände ruhig zu halten, so versteift er in den meisten Fällen die Handgelenke. Folglich wird seine Verbindung zum Pferdemaul eher schlechter als besser. An der Doppellonge dürften diese Gleichgewichtsschwierigkeiten aber nicht auftreten.

Manchmal sind unruhige Hände auch darauf zurückzuführen, daß der dazugehörige Reiter versucht, sein Pferd allein durch Zügelaktionen an die Hilfen zu stellen. Das ist aber nicht möglich, und jeder Versuch, doch auf diesem Wege voranzukommen, entfernt Sie weiter von Ihrem Ziel.

---

kennt es ja all Ihre Aktionen schon – entweder vom Reiten oder von der Arbeit an der einfachen Longe.

Der Erfolg der Doppellongen-Arbeit liegt im wahrsten Sinne des Wortes in Ihren Händen. Sind Sie also nicht in der Lage, Ihr Roß mit einer konstanten, feinen Anlehnung zu führen, dann sollten Sie auf das Training an der Doppellonge verzichten. Wenn Sie diese Voraussetzung nicht erfüllen, werden Sie mit dieser Trainingsmethode nämlich niemals Erfolge erzielen.

Die Führung der Longe um die Hinterhand

Um Ihr Pferd daran zu gewöhnen, daß eine Longe an seinen Hinterbeinen entlangläuft, brauchen Sie wieder einen Helfer, der Ihr Roß an einem Führstrick festhält. Er stellt sich an die innere Schulter, während Sie sich wieder auf Ihr Pferd zubewegen und die beiden Longen in gleichen Schlägen aufnehmen. Nun legen Sie die äußere Leine vorsichtig um die Hinterhand Ihres Vierbeiners.

Anschließend nehmen Sie wieder Ihre Position in der Zirkelmitte ein, wobei Sie keinen starken Zug auf die Leine ausüben dürfen. Lassen Sie Ihren Vierbeiner im Schritt antreten und achten Sie darauf, sich während dieser Übung so ruhig wie möglich zu verhalten.

Nun ist es durchaus denkbar, daß Ihr Pferd nach der Leine schlägt und Gefahr läuft, sich in ihr zu verfangen. Gerade in solchen heiklen Situationen müssen Sie einen kühlen Kopf bewahren – doch das ist leichter gesagt als getan.

Kommen Sie wirklich einmal in eine solche Lage, lassen Sie Ihren Helfer das Roß einfach ruhig weiterführen. Ihre Aufgabe besteht darin, Ihr Pferd

> **Die richtige Lage der Longe**
>
> Die Longe sollte sich immer über dem Sprunggelenkshöcker befinden. Rutscht sie zu weit nach unten, kann es nämlich passieren, daß sie zwischen die Hinterbeine des Pferdes gerät.
>
> *Achten Sie immer darauf, daß die Longe nicht – wie auf der Zeichnung – unter den Sprunggelenkshöcker rutscht!*

sehr energisch anzutreiben. Es darf auf keinen Fall stehenbleiben, rückwärts treten oder gar in die Bahnmitte drängen. Nur wenn es vorwärts geht, wird es sich schnell wieder beruhigen und es nach kurzer Zeit akzeptieren, daß die Longe die Hinterhand berührt.

Wenn es keine Probleme gibt und Ihr Pferd gegenüber der äußeren Longe keine abwehrende Haltung einnimmt, beginnt einer der schwierig-

Wenn die äußere Longe um die Hinterhand Ihres Pferdes läuft, müssen Sie daran denken, daß sie nun auch eine seitwärtstreibende Wirkung hat.

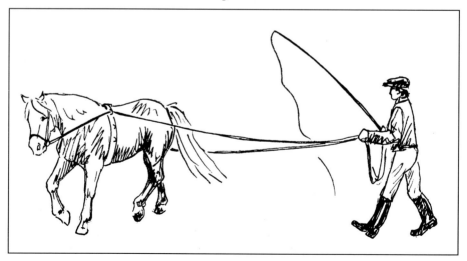

> **„Longensalat" – was tun?**
>
> Wenn wirklich einmal eine Leine zwischen die Hinterbeine gerät, sollten Sie unbedingt die Ruhe bewahren! Ihr Helfer hält das Pferd an und versucht es mit einigen Leckereien von seiner Fesselung abzulenken, während Sie auf das Roß zugehen und die Doppellonge wieder aufnehmen. Achten Sie darauf, daß Ihre Aktionen das Pferd nicht noch mehr aufregen!
>
> Nun löst Ihr Helfer den Karabiner der verwickelten Longe, und Sie ziehen die Leine vorsichtig auf Ihre Seite und legen sie geordnet in Ihre Hand. Damit diese Rettungsaktion reibungslos verläuft, muß Ihr Longiergurt natürlich mit ausreichend großen Ringen ausgestattet sein.
>
> Schnallen Sie die Leine nun erneut ein und führen Sie sie wieder um die Hinterhand, wobei Sie beruhigend mit Ihrem Pferd reden. Verschieben Sie einen zweiten Versuch nur im Notfall auf den nächsten Tag, denn es ist denkbar ungünstig, das Training mit einer so schlechten Erfahrung zu beenden.

sten Teile der Doppellongen-Arbeit. Bedenken Sie, daß die äußere Leine aufgrund ihrer Lage nicht nur verwahrenden, sondern auch seitwärtstreibenden Charakter hat. Wird sie zu stark angenommen, so kann das Pferd ruckartig mit der Hinterhand ausscheren und nicht nur sich, sondern auch Sie in Gefahr bringen. Andererseits ist aber auch möglich, daß es mit den Hinterbeinen nach außen drängt und den Druck auf die Longe noch weiter verstärkt. Wenn Sie mit der Peitschenhand in die äußere Leine greifen, können Sie Ihr Pferd korrigieren, ohne durch diese Aktion die innere Longe zu beeinflussen.

Um so geschickt agieren zu können, brauchen Sie nicht nur sehr viel Übung, sondern auch eine Peitsche, die leicht und gut ausbalanciert in Ihrer Hand beziehungsweise zwischen dem Daumen und dem Zeigefinger liegt. Nur dann können Sie sie so virtuos handhaben wie einen Dirigentenstab.

Vielleicht fragen Sie sich, weshalb wir Sie mit der Doppellonge auf dem Zirkel beginnen lassen, wo es doch schließlich der große Vorteil dieser Trainingsmethode ist, daß das Pferd eben nicht ständig im Kreis laufen muß. Das hat einen ganz einfachen Grund: Ihr Pferd ist mit der Arbeit auf dem Zirkel vertraut, und bekannte Wege sind erfahrungsgemäß die sichersten.

Kehren wir zur Praxis zurück. Das Pferd geht immer noch mit Ihrem Helfer an der Seite fleißig voran und hat sich bereits daran gewöhnt, daß

> **Trockenübungen mit der Doppellonge**
>
> Bevor Sie sich auf die weitergehenden Lektionen stürzen, möchten wir Sie bitten, sich einmal ausführlich mit der Doppellonge selbst zu beschäftigen. Leinen können sehr unterschiedlich sein, was das Material, die Dicke, Breite und Schwere angeht. Testen Sie vor dem Kauf mehrere Longen, indem Sie ein paar Trockenübungen machen. So finden Sie heraus, welche am besten in Ihrer Hand liegt.
>
> Auch später sollten Sie auf der Stallgasse das Aufnehmen der Doppellonge in gleichen Schlägen sowie die verschiedenen Handgriffe noch ein wenig üben, bevor Sie sich an Ihr Pferd heranwagen. Die Eigenheiten Ihrer Doppellonge sollten Ihnen regelrecht in Fleisch und Blut übergehen.

seine Hinterhand von der Longe berührt wird. Beide Leinen laufen aus Ihrer inneren Hand heraus. Die größte Schwierigkeit liegt nun darin, die Aktionen Ihrer Hände so abzustimmen, daß sie sich nicht gegenseitig negativ beeinflussen.

Die Handhabung der inneren Longe kann nur störungsfrei bleiben, wenn Sie einige Vorsichtmaßnahmen treffen. Um die Aktionen der rechten äußeren Hand nicht über das Mittelstück auf die linke Seite zu übertragen, ist es ratsam, die innere Faust etwas fester zu schließen. Das registriert das Pferd im Normalfall aber schon als leichtes Annehmen. Sie müssen versuchen, diesen Effekt abzuschwächen, indem Sie die linke innere Hand etwas vor dem Pferdemaul positionieren. Sollte auf dieser Seite tatsächlich ein Annehmen nötig sein, so erfolgt es weich aus dem Handgelenk. Damit sich auch diese Bewegung nicht negativ auf die rechte äußere Hand auswirken kann, sollten Sie darauf achten, daß das Mittelstück durchhängt. Dadurch ist sichergestellt, daß Sie nicht ungewollt Aktionen von links nach rechts übertragen. Gegebenenfalls ziehen Sie das Mittelstück etwas mehr aus der linken inneren Hand heraus.

Aber es können noch weitere Probleme auftauchen – zum Beispiel, wenn das Pferd die äußere Leine stark anspannt, indem es nach außen drängt. In diesem Fall ist es mit einem einfachen Nachgeben aus dem Handgelenk nicht getan. Hier ist eine feine Abstimmung gefragt. Geben Sie mit der Longe nur so weit nach, daß der Druck auf die Hinterhand gemildert wird und das Pferd diese dadurch nicht mehr nach außen dreht. Die Leine darf aber nicht plötzlich durchhängen, da Ihnen sonst die Hinterhand des Pferdes wieder ausfällt.

Bedenken Sie, daß Sie mit dieser Longe den verwahrenden Schenkel

Ihr Pferd wird von den beiden Leinen eingerahmt: Es ergibt sich ein Dreieck.

des Reiters ersetzen müssen. Beachten Sie auch, daß es Ihnen, sofern Sie Rechtshänder sind, viel schwerer fällt, Ihrer rechten Hand eine eher passive Aufgabe zukommen zu lassen. Wenn Sie mit ihr zu stark auf das Pferdemaul einwirken, hindern Sie dabei gleichzeitig das rechte Hinterbein am Vortreten.

Möchten Sie noch länger auf dem Zirkel arbeiten, um sicherer zu werden, so ist das kein Problem, solange Ihre Trainingseinheit eine halbe Stunde nicht überschreitet. Allerdings sollten Sie sich darüber im klaren sein, daß Sie die Vorteile der Doppellongen-Arbeit wieder aufheben, wenn Sie Ihr Pferd unverhältnismäßig lange im Kreis laufen lassen.

Der Handwechsel
Es ist sehr wichtig, regelmäßig Handwechsel durchzuführen. Anfangs gestalten sie sich zwar noch etwas umständlich, aber mit einem Helfer sollten sie kein größeres Problem darstellen. Am einfachsten

können Sie den Seitenwechsel vornehmen, indem Sie Ihr Roß auf der offenen Seite des Zirkels halten lassen. Nun bewegen Sie sich auf es zu und nehmen dabei die Leinen in gleichen Schlägen auf, bis Sie etwa auf Höhe des Gurtes stehen. Dabei ist wieder Vorsicht geboten, da die äußere Longe bei dieser Aktion allzuleicht unter das Sprunggelenk rutschen kann.

Nun führen Sie die äußere Leine über die Kruppe, so daß sie wieder hinter dem Gurt liegt. Anschließend können Sie die Doppellonge vorsichtig über das Pferd heben und gleichzeitig auf die andere Seite treten. Da Ihr Helfer den Vierbeiner immer noch am Führstrick hält, können Sie die Leinen in aller Ruhe ordnen und der longenführenden Hand übergeben.

Jetzt taucht folgende Frage auf: Hat der Handwechsel Auswirkungen auf die Leinenhaltung?

Als Sie linksherum arbeiteten, lief die linke Leine über den Zeigefinger aus Ihrer Hand, während die rechte Leine zwischen dem Mittel- und dem Ringfinger lag. Drehten Sie während der Arbeit den Handrücken nach oben, so wurde die innere Leine angenommen, und die äußere Longe gab nach.

Sollte Ihnen die Wirkungsweise der einhändigen Leinenführung nicht ganz klar sein, so empfehlen wir Ihnen folgende Trockenübung: Befestigen Sie an den Karabinerhaken beider Leinen zwei gleich schwere Gewichte – Sie können dafür zum

Um die Hand zu wechseln, sollten Sie Ihr Pferd anfangs immer anhalten lassen.

Beispiel ein Paar Schuhe nehmen. Hängen Sie nun beide Longen nebeneinander in gleicher Länge über einen Anbindebalken. Befinden sich die Gewichte auf gleicher Höhe und die Leinen in Ihrer linken Hand, so drehen Sie den Handrücken nach oben. Sie werden feststellen, daß sich der linke Schuh nach oben bewegt, während sein Gegenstück nach unten rutscht. Jetzt legen Sie die Longen in gleicher Weise in die rechte Hand und drehen auch hier den Handrücken nach oben. Die jeweiligen Gewichte bewegen sich genauso wie bei der vorangegangenen Übung. Eine Veränderung der Leinenführung scheint also unnötig.

Fahrer werden bei dieser Art der Leinenführung allerdings Schwierigkeiten bekommen. Sie würden mit einer Abwärtsdrehung des linken Handrückens eine Rechtswendung einleiten. Arbeitet nun ein Fahrer sein Pferd mit der Doppellonge rechtsherum, so wird er die Leinen in seine rechte Hand legen, um die Peitsche besser führen zu können, und vielleicht dazu neigen, auch hier den Handrücken nach unten zu drehen. In diesem Fall muß er die äußere Leine über den Zeigefinger laufen lassen und die innere zwischen den Ring- und den Mittelfinger legen, um die erwünschte Wirkung zu erzielen.

Auch als Nichtfahrer sollten Sie solche Änderungen der Leinenführung zumindest üben, da Sie bei den nun folgenden Lektionen mit den Wirkungsweisen der verschiedensten Leinenführungen vertraut sein sollten.

Verschiedene Lektionen an der Doppellonge

Eine Besonderheit der Doppellongen-Arbeit ist der Handwechsel in der Bewegung.

Aus dem Zirkel wechseln

Als erstes lassen Sie ihr Pferd aus dem Zirkel wechseln. Hierzu benötigen Sie den Raum eines ganzen Vierecks. Beginnen Sie mit der Zirkelarbeit auf der linken Hand.
Bei dieser Lektion sollten Sie in der Zirkelmitte einen Kreis beschreiben, der Sie um etwa ein bis zwei Meter näher an Ihr Pferd bringt. Dadurch ersparen Sie sich beim eigentlichen Wechsel ein umständliches Nachgreifen der Leinen. Wir empfehlen Ihnen, den Handwechsel zunächst mit einem Halten auf der Wechsellinie durchzuführen, damit Sie genügend Zeit haben, für einen Moment hinter das Pferd zu treten.
Führen Sie Ihren Vierbeiner aber zunächst wie gewohnt im Schritt auf dem Zirkel. Wenn Sie sich nach einigen Runden sicher genug fühlen, beginnen Sie mit der Lektion, indem Sie Ihr Pferd geradestellen, sobald es die offene Seite des Zirkels erreicht hat und sich auf die Wechsellinie zu-

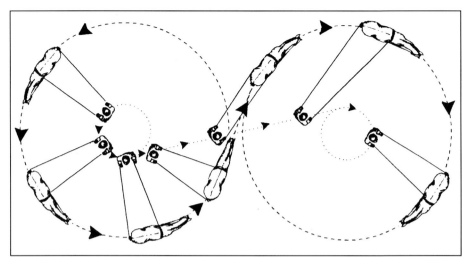

Die Positionen von Pferd und Longenführer beim Wechseln aus dem Zirkel

bewegt. Am Ende dieser Linie, noch bevor es den Hufschlag des zweiten Zirkels erreicht, lassen Sie es halten und gehen hinter das Pferd. Da Ihr Roß Sie in dieser Position nicht sehen kann, sollten Sie diesen Standpunkt aber nicht allzu lange beibehalten – es könnte sonst leicht unruhig werden.

Lassen Sie Ihr Pferd wieder antreten, und bewegen Sie sich dabei ohne zu zögern auf seine rechte Seite. Auf dem neuen Zirkel arbeiten Sie Ihr Pferd genauso wie zuvor. Achten Sie darauf, daß nun die linke Leine die verwahrenden Aufgaben übernimmt und auf jeden Fall über dem Sprunggelenk liegen muß.

Sollte es auf der Wechsellinie Schwierigkeiten geben, weil Ihr Vierbeiner genau in dem Moment antrabt, in dem Sie sich hinter ihm befinden, so treten Sie nicht aus dieser Position heraus auf die Bremse. Bewegen Sie sich vielmehr sofort auf die rechte Seite, stellen Sie das Pferd nach rechts, und arbeiten Sie es auf dem zweiten Zirkel weiter. Hier können Sie es ohne Probleme wieder durchparieren und laufen nicht Gefahr, auf gerader Linie zu Boden gerissen zu werden.

Selbstverständlich muß auch die Peitsche die Hand wechseln, damit sie sinnvoll eingesetzt werden kann. Deshalb ist es gerade am Anfang ratsam, das Pferd auf der Wechsellinie anhalten zu lassen.

Bevor Sie mit dem Gedanken spielen, ganz auf eine Peitsche zu verzichten, sollten Sie versuchen, zunächst mit einer langen Dressurgerte zu arbeiten. Sie ist wesentlich leichter als eine Longierpeitsche und läßt sich bei der Übergabe in die andere Hand besser ausbalancieren. Am besten wechseln Sie die Gerte, wenn Sie hinter dem geradegerichteten Pferd stehen. Dann reicht Ihre rechte Hand die Gerte nach links, wobei sie über beide Leinen gehoben werden muß. Einerseits eine simple Aktion, deren Ausführung andererseits aber problematisch ist, da das Anheben der Gerte bei Ihrem Vierbeiner eine Fluchtreaktion auslösen könnte. Die Ursache für ein solches Verhalten liegt im allgemeinen in einem falschen Gebrauch der Peitsche. Sollte Ihr Pferd wirklich Angst vor der treibenden Hilfe haben, so müssen Sie ihm diese mit Hilfe der Bodenarbeit nehmen.

Mehr Kopfzerbrechen bereitet Ihnen aber momentan sicher die Leinenführung während des Handwechsels. Tatsächlich läßt sie sich nur ohne Schwierigkeiten bewältigen, wenn Sie folgende Punkte beachten:

1. Wenn Sie gerade erst mit der Doppellongen-Arbeit beginnen, sollten Sie am Anfang ruhig die einhändige Leinenführung wie bei der ersten Zirkelarbeit auf der linken Hand beibehalten. Das mag Ihnen nach der ganzen Vorbereitung nicht logisch erscheinen, aber eigentlich ist jeder Neuling zu Beginn überfordert, wenn er gleichzeitig die Peitsche der äußeren Hand übergeben, die treibende Hilfe anwenden, für eine korrekte Stellung des Pferdes sorgen und noch die longenführende Hand wechseln soll.

2. Konzentrieren Sie sich während des Handwechsels nicht nur auf Ihre Hände! Schauen Sie nicht ständig nach unten, sondern behalten Sie statt dessen Ihr Pferd im Auge. Natürlich könnte sich während der Lektion eine Schlaufe bilden, in die Sie hereintreten könnten. Das kann aber nur geschehen, wenn Sie Ihre linke Hand nicht geschlossen halten und dadurch dem Pferd eine Ge-

Eine solche gefährliche Schlaufe kann sich nur bilden, wenn das Pferd Ihnen die Leinen aus der Hand ziehen kann.

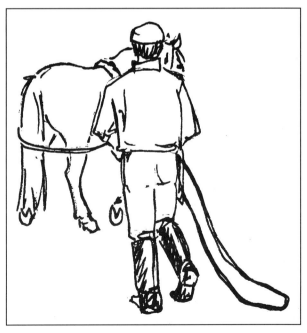

legenheit geben, die Leinen herauszuziehen. Viele Leute neigen auch dazu, besonders die äußere Longe durch ihre Hand laufen zu lassen, wenn auf ihr plötzlich Druck lastet. Dieser Druck entsteht meist dadurch, daß der Longenführer seine Bewegungen nicht auf die seines Pferdes abstimmt.

Das führt uns automatisch zu einem der schwierigsten Themen der Doppellongen-Arbeit: zum Einsatz des Körpers.

Daß wir diesen Aspekt nun im Rahmen der Lektion „Aus dem Zirkel wechseln" behandeln, hat durchaus seinen Grund. Gerade die Doppellonge verführt einen leicht zu dem Glauben, man könnte ein Pferd ausschließlich mit Hilfe verschiedener Handgriffe gymnastizieren. Deshalb hantieren viele Longenführer mehr mit den Leinen, als eigentlich nötig wäre. Wer aber mit der Doppellonge pferdegerecht arbeiten will, braucht keine kniffligen Handgriffe oder Verschnallungstechniken, sondern sensible, geschulte Hände und ein ausgeprägtes Körpergefühl.

Warum das so ist, wird klar, wenn wir uns den Handwechsel noch einmal etwas genauer ansehen. Kehren wir dazu an den Punkt der Wechsellinie zurück, an dem Sie das Pferd für einen Moment halten lassen. In dieser Situation legen auch Sie einen Stopp ein. Wird er zu abrupt ausgeführt, so bekommt ein Außenstehender den Eindruck, Sie würden mit Ihrem ganzen Körper in den Leinen hängen. Lassen Sie Ihren Vierbeiner wieder antreten und setzen sich dabei nicht selbst in Bewegung, so dürfte sich Ihr Zuschauer bereits kopfschüttelnd abwenden – zumindest dann, wenn Sie die Verzögerung Ihrer Vorwärtsbewegung nicht beispielsweise durch ein Vorgehen Ihrer Hände ausgleichen.

Laufen Sie dagegen schon los, ohne daß sich Ihr Pferd im selben Moment in Bewegung setzt, so hängen die Leinen durch. Da Sie sich nun auf Ihr Roß zubewegen, setzt ein von Ihnen ungewollter treibender Effekt ein, der möglicherweise durch eine erneute Peitschenhilfe noch verstärkt wird. Entweder läuft Ihr Pferd jetzt los und wundert sich über die fehlende Anlehnung, oder Sie versuchen gerade diese wieder durch ein Zurückbleiben Ihres Körpers zu erreichen.

An dieser Stelle wird deutlich, wie diffizil die harmonische Arbeit mit der Doppellonge ist. Aber hängen Sie Ihre Leinen nicht gleich in den Schrank, nur weil der Handwechsel mit so vielen Schwierigkeiten verbunden ist!

Tatsächlich werden Sie bei dieser Lektion nur in der Phase besonders gefordert, in der Sie den ersten Zirkel verlassen und den zweiten betreten. In diesem Moment hängt alles davon ab, mit wie viel Geschick Sie sich bewegen.

Führen wir uns nun noch einmal die einzelnen Schritte vor Augen: Sie verlassen den ersten Kreis, stellen das Pferd gerade und lassen es halten. Nun treten Sie hinter das Tier und achten darauf, daß die Anlehnung nicht verlorengeht. Sie übergeben die Peitsche, lassen das Roß wieder antreten und bewegen sich nach rechts, wobei Sie es in die neue Bewegungsrichtung stellen. Selbstverständlich müssen Sie durch Peitschen- und gegebenenfalls auch Stimmhilfen seinen Fleiß erhalten.

Durch ein Abwärtsdrehen der linken Hand geben Sie mit der linken Longe nach, und das durchhängende Mittelstück verhindert eine direkte Übertragung dieser Aktion auf die rechte Longe. Nur wenn Sie zu nah an Ihr Pferd herangegangen sind, müssen Sie diese Verlängerung der Leinen durch ein Zurücknehmen Ihrer Hände wieder ausgleichen. Sie werden feststellen, daß sich die von der inneren zur äußeren gewordene Leine durch Ihre auf den Seitenwechsel des Pferdes abgestimmte Bewegung praktisch von allein um die Hinterhand legt.

Wenn Sie den Handwechsel einige Male problemlos durchgeführt haben, können Sie es auch einmal ohne Stopp auf der Wechsellinie versuchen. Im Trab dürften Sie ebenfalls keine Probleme bekommen, wenn Sie Ihr Tempo beim Übergang auf den zweiten Zirkel der Gangart anpassen.

Je nach Können des Longenführers kann diese Lektion auch im Galopp durchgeführt werden, wobei es vom Ausbildungsstand des Pferdes abhängt, ob der Wechsel einfach oder fliegend vorgenommen wird.

Wir wollen nicht verschweigen, daß es auch einem versierten Ausbilder nicht immer gelingt, die Entfernung zu seinem Pferd so zu gestalten, daß er nicht doch die äußere Leine verlängern muß. Vorher kann er aber versuchen, den Abstand dadurch zu verringern, daß er mit dem Arm vorgeht oder sich vorwärts-seitwärts auf das Pferd zubewegt. Manchmal ist das Pferd dem Longenführer aber trotz aller Bemühungen um einige Meter voraus, was eine deutliche Verlängerung der äußeren Leine erforderlich macht.

Diese Situation läßt sich am besten durch eine veränderte Leinenhaltung meistern, die wir Ihnen im folgenden Abschnitt „Arbeit im Viereck" anhand einfacher Schlangenlinien beschreiben.

Wie Sie merken, befinden wir uns nun in einem Bereich der Doppellongen-Arbeit, der eine recht flexible Leinenhaltung erfordert. Dazu gehört auch die Kunst, die Leinen ebenso wie die Peitsche jederzeit ohne hinzusehen von einer Hand in die andere wechseln zu lassen. Aber bitte überstürzen Sie dabei nichts – Sie haben alle Zeit der Welt ...

Arbeit im Viereck

Neben dem ausschließlichen Longieren auf dem Zirkel ist auch die Arbeit im Viereck Bestandteil der Ausbildung an der Doppellonge. Der Reiter kann sein Pferd hier wie bei der Arbeit unter dem Sattel gymnastizieren und alle Lektionen vom Boden aus überwachen. Vielleicht werden Sie bei der Arbeit im Viereck feststellen, daß Sie bei den unterschiedlichen Hufschlagfiguren Ihre bisherige Leinenhaltung überdenken müssen. Nicht selten entsteht daraus eine eigene Technik der Leinenführung.

Im Viereck lösen Sie Ihr Pferd erst in der gewohnten Zirkelarbeit, bevor Sie es auf den ersten Hufschlag führen. Hier arbeiten Sie es zunächst im Schritt auf gerader Linie, wobei Sie in einem gebührenden Abstand, ungefähr auf dem zweiten Hufschlag, seitlich hinter Ihrem Roß hergehen.

Daß wir Sie nicht auffordern, direkt hinter Ihrem Vierbeiner Aufstellung zu nehmen, hat seinen Grund. Wir möchten, daß Sie die Doppellonge nicht mit dem langen Zügel verwechseln. Die Arbeit an der Doppellonge ist bestenfalls eine Vorstufe aller weiterführenden Lektionen an der Hand. Manche Leute denken gleich an Piaffen und Passagen, sobald sie zwei Leinen in ihren Händen halten. Aber für solche Lektionen braucht es eine jahrelange, systematisch aufgebaute Dressurarbeit. Dieser Aspekt wird immer wieder gerne vergessen.

Haben Sie sich erst einmal mit Ihrer neuen Position vertraut gemacht, so können Sie darangehen, das Pferd auf den unterschiedlichsten gebogenen Linien zu arbeiten. Lassen wir zunächst einmal die Peitschenführung außer acht und werfen einen Blick auf Ihre linke Hand. Nachdem Sie in der Lage sind, mit ihrer Hilfe beide Longen zu führen, sollte es Ihnen auch möglich sein, die Leinenführung ein wenig zu verändern, ohne daß die Anlehnung gestört wird.

Versuchen Sie zunächst, beide Longen nebeneinander über den Zeigefinger laufen zu lassen und die restliche, in gleichmäßigen Schlägen aufgewickelte Leine mit den darunterliegenden drei Fingern zu halten. Achten Sie aber darauf, daß die Schläge der restlichen Longe so in der Hand liegen, daß sie zum Verlängern der Leinen problemlos nacheinander abgewickelt werden können. Sie liegen dann richtig, wenn ein leichtes Öffnen und eine kreisende Abwärtsdrehung der linken Hand genügen, um einen Schlag freizugeben. Wenn Sie nun Ihren Vierbeiner in Schlangenlinien durch die Länge der Bahn dirigieren wollen, können Sie bei jedem Handwechsel die äußere Longe verlängern, ohne sie zwischen den Fingern aus der Hand ziehen zu müssen.

Schauen wir uns die jeweiligen Griffe einmal anhand einer Lektion an. Bei dieser Übung wenden Sie an der kurzen Seite auf die Mittellinie ab und halten im Mittelpunkt des ersten Zirkels. Hier sortieren Sie noch einmal Ihre Gedanken und Ihre Leinen und beginnen dann, Ihr Pferd in gleichmäßigen Schlangenlinien immer wieder die Mittellinie kreuzen zu lassen. Um den ersten Bogen einzuleiten, greifen Sie mit Ihrer freien Hand, soweit es Ihr Arm zuläßt, nach vorne in die Leinen.

Da dieser rechten Hand bei den Wechseln nun der aktive Part zukommt, sollte Ihr Griff in die Leinen besonders gezielt erfolgen. Das geht am leichtesten, wenn die Innenseite der geöffneten Hand während des Vorgreifens zu Ihnen zeigt und die letzten beiden Finger etwas abgespreizt werden. Greift die rechte Hand nun in die Leinen, dann verläuft die rechte Longe über dem Zeigefinger und die linke zwischen dem Ring- und dem Mittelfinger. Es bleibt Ihnen überlassen, ob Sie beide Leinen auch weiterhin nebeneinander über den Zeigefinger der linken Hand laufen lassen oder sie von ihr heruntergleiten lassen. In letzterem Fall bildet sich aber durch das gleichzeitige Lösen eines Longenschlages ein recht langes Mittelstück, das nicht zu tief hängen sollte, damit Sie nicht mit dem Fuß hineingeraten können.

Um das Pferd nach rechts zu stellen, während es sich in Bewegung setzt, legen Sie den Daumen auf die über den Zeigefinger verlaufende Longe und führen die Hand leicht zurück. So wird die rechte Leine angenommen, und Sie werden feststellen, daß sich die linke Longe zwischen Ring- und Mittelfinger gleitend verlängert, da sie sich um die Außenseite des Pferdes spannt.

In dem Moment, in dem der Vierbeiner wieder nach links herumtreten soll, muß der Daumen der linken Hand beide über den Zeigefinger verlaufenden Leinen so lange fixieren, bis die rechte Hand erneut nach vorne greift, um diesen Handwechsel einzuleiten. Während sie mit den unteren Fingern die linke Longe fixiert, bereitet sich der Daumen darauf vor, die rechte Leine loszulassen. Die Hand wird zurückbewegt und hält dabei linke Longe. Das Pferd vollzieht die Wendung, und die nun äußere rechte Longe verlängert sich und gleitet über den Zeigefinger in Richtung Hinterhand.

Neben der linken Hand angekommen, übergibt die rechte Hand der linken den Teil der linken Leine, der sich durch den Handwechsel verlängert hat. Dabei kann dieser Teil mit ein wenig Geschick wieder als Schlag von den unteren drei Fingern aufgenommen werden.

Jetzt wird das Prinzip dieser Leinenführung klar: Einerseits geht es darum, mit den Fingern der rechten Hand die jeweils annehmende Leine zu fixieren und den nachgebenden Teil ohne Störung des Pferdemauls

Im Viereck gehen Sie seitlich hinter dem Pferd her.

durchgleiten zu lassen. Andererseits gibt sie dem Longenführer die Möglichkeit, die Longe, die sich durch den Seitenwechsel verlängert hat, wieder in geordneter Form aufzunehmen.

Beim nächsten Handwechsel von links nach rechts gleitet die rechte Hand wieder nach vorn, fixiert die rechte Longe und nimmt sie an, um das Pferd in die neue Bewegungsrichtung zu stellen. Während das Roß die Wendung durchführt, gleitet die sich verlängernde linke Longe zwischen Ring- und Mittelfinger der rechten Hand hindurch. Gleichzeitig gibt die linke Hand den vorhin nicht benötigten Teil der linken Leine wieder frei. Durch eine einfache Bewegung kann man den Zeigefinger unter die beiden Leinen bringen, wenn sie wieder über diesen Finger verlaufen sollen. Gerade unerfahrenere Longenführer haben dadurch wenigstens zwischenzeitlich die Gewißheit, wo sich die Doppellonge unabhängig von den Aktionen der rechten Hand befindet.

Nach dieser Methode läßt sich das Pferd flüssig auf allen gebogenen Linien arbeiten. Stellt sich nur noch die Frage, wohin Sie denn nun die Peitsche packen sollen! Aber keine Sorge: Sie kommen auch ohne dritten Arm aus. Mit ein wenig Übung können Sie eine leichte Peitsche zwischen Daumen und Zeigefinger der linken Hand halten.

Sicherlich werden Sie bei den verschiedenen Übungen auch die Erfahrung machen, daß die am Pferdekörper entlanglaufenden Leinen eine seitwärtstreibende Wirkung besitzen. Dadurch ergibt sich für Sie die Möglichkeit, verschiedene Lektionen auf zwei Hufschlägen durchzuführen. Entscheidend ist immer der jeweilige Ausbildungsstand des Pferdes. So kann ein Doppellongen-Einsteiger durchaus schon zufrieden sein, wenn er sein Pferd an den beiden Leinen vorwärts-abwärts arbeiten kann, während ein erfahrener Ausbilder sein Roß vielleicht über Cavaletti arbeitet, es an der Doppellonge springen oder fliegende Galoppwechsel durchführen läßt.

Bei all diesen Möglichkeiten sollte man allerdings immer im Auge behalten, daß die Doppellonge zwar die Ausbildung sinnvoll ergänzen, aber nie die Arbeit unter dem Sattel ersetzen kann.

Durch die Arbeit an der Doppellonge kann das Pferd ergänzend zur Ausbildung unter dem Sattel geschult werden – und verdorben werden, wenn der Ausbilder nicht sehr viel Erfahrung mitbringt.

Das ungerittene Pferd an der Doppellonge

Wenn Sie ein junges Pferd mit Hilfe der Doppellonge auf das Anreiten vorbereiten möchten, können Sie Ihrem Vierbeiner viel Ärger ersparen, indem Sie die folgenden Punkte beachten.

Soll Ihr Pferd von einem Ausbilder angeritten werden, so ist es vorteilhaft, wenn es im Maul noch weitgehend „roh" ist. In diesem Fall heißt es also: Finger weg von der Doppellonge!

Wenn Sie Ihr Pferd allerdings selber anreiten, werden Sie es als sehr angenehm empfinden, daß sein Maul bereits entsprechend geschult ist. Der Vorteil liegt darin, daß Sie das junge Tier schon nach dem ersten Aufsitzen relativ sicher durch die Reitbahn steuern können. Dadurch haben Sie die Möglichkeit, sich weitgehend auf Ihren Sitz zu konzentrieren – eine Arbeitserleichterung für Reiter, die es verstehen, vom Sattel wie vom Boden aus mit feiner Hand einzuwirken.

Ein Doppellongen-Training vor dem Anreiten sollte aber auf jeden Fall nur von einem sehr erfahrenen Ausbilder durchgeführt werden. Es wäre sehr bedauerlich, wenn ein junges Pferd korrigiert werden müßte, weil sein Besitzer es schon an der Doppellonge im Maul verdorben hat.

Es ist auch wichtig, daß der Vierbeiner schon an der einfachen Longe mit entsprechend verschnallten Ausbindern gearbeitet wurde, bevor er mit zwei Leinen konfrontiert wird. Natürlich scheint es verlockend, dem Pferd die starren Hilfszügel zu ersparen und ihm die erste Anlehnung nur durch die Doppellonge zu ermöglichen. Für eine solche Vorgehensweise braucht man aber eine außerordentlich feine und geschulte Hand.

Doch selbst wenn diese Voraussetzung erfüllt ist, wird eine Doppellongen-Remonte keine schnelleren Fortschritte machen als ihre herkömmlich ausgebildeten Kollegen – denn auch sie muß unter dem Sattel ja noch die Gewichts-, Schenkel- und Zügelhilfen kennenlernen.

Setzen Sie die Doppellongen-Arbeit daher nur sehr überlegt ein! Vor allen Dingen sollten Sie aber jedem skeptisch gegenübertreten, der Ihnen weismachen möchte, daß man mit zwei Leinen wahre Wunder vollbringen kann.

Auf einen Blick: Die Grundlagen der Doppellongen-Arbeit

- Die Doppellonge bietet dem Ausbilder die Möglichkeit, die Arbeit mit seinem vierbeinigen Schüler sehr vielseitig und abwechslungsreich zu gestalten. Dabei werden die verschiedensten Muskelgruppen auf beiden Seiten des Pferdes trainiert.
- Auf Ausbinder oder Laufferzügel kann man bei der Doppellongen-Arbeit weitgehend verzichten.
- Voraussetzung für ein erfolgreiches Training an der Doppellonge ist es, daß das Pferd durch sorgfältige Bodenarbeit vorbereitet wurde, Vertrauen zu seinem Ausbilder hat und sicher auf Kommandos wie „Scheeritt", „Teerab", „Halt" und „Zurück" reagiert.
- Bei der Gewöhnung an die Leinen sollten Sie einen Helfer haben. Es ist wichtig, daß Sie auch in diesem Ausbildungsabschnitt langsam und vorsichtig vorgehen.
- Sie müssen Ihr Pferd mit der Berührung der Leinen an der Schulter und an der Flanke vertraut machen. Außerdem muß Ihr Roß lernen, daß keine Gefahr droht, wenn die Doppellonge über seinen Rücken gleitet, wenn Sie die Leinen überwerfen und wenn die Longe um seine Hinterbeine herumläuft.
- Zur Kommunikation mit dem Pferd setzen Sie verhaltende, treibende und seitwärtstreibende Hilfen ein. Treibend kann auch die Stimmhilfe und die Position des Longenführers wirken. Eine Hilfe wirkt nie für sich allein, sondern immer im Zusammenspiel mit allen anderen Signalen, die Sie dem Pferd geben.
- Um das Pferd zu gymnastizieren, müssen Sie eine stetige und elastische Verbindung zum Pferdemaul halten. Diese Anlehnung ist wichtig, damit das Roß Vertrauen zur Hand des Ausbilders gewinnt und sich an das Gebiß herandehnt.
- Die Leinenhaltung ist keinen allgemeingültigen Regeln unterworfen. Wir empfehlen Ihnen, beide Leinen in einer Hand zu halten.
- Bei der Arbeit auf der linken Seite nehmen Sie die Leinen in die linke Hand. Die innere Leine läuft über den Knöchel des Zeigefingers, die

Auf einen Blick: Die Grundlagen der Doppellongen-Arbeit

äußere liegt zwischen Ring- und Mittelfinger. Den Rest der Leine können Sie sich über den kleinen Finger hängen. Die rechte Hand hält die Peitsche.
- Wenn Sie rechtsherum longieren, nehmen Sie die Leinen in die rechte Hand. Nun verläuft die innere Leine zwischen Ring- und Mittelfinger, während die äußere über dem Zeigefinger liegt. Die linke Hand hält die Peitsche.
- Zum Aufnehmen der Longen ist es empfehlenswert, die Leinen über den Zeigefinger der äußeren Hand laufen zu lassen und mit der inneren Hand so hineinzugreifen, daß die eine Leine über dem Zeigefinger und die andere zwischen Ring- und Mittelfinger zu liegen kommt.
- Zunächst bewegt sich Ihr Pferd auf dem Zirkel um Sie herum. Dabei führen Sie die äußere Longe anfangs nicht um seine Hinterhand, sondern über den Pferderücken.
- Wenn Sie die Leine erstmals in der Bewegung um die Hinterhand des Pferdes laufen lassen, sollte ein Helfer das Roß am Führstrick halten.
- Die Leinen müssen sich immer über dem Sprunggelenkshöcker befinden. So ist sichergestellt, daß sie nicht zwischen die Hinterbeine des Pferdes geraten.
- Wenn die äußere Leine um die Hinterhand des Pferdes verläuft, müssen Sie auch die seitwärtstreibende Wirkung dieser Longe berücksichtigen.
- Zum Wechseln der Hand lassen Sie das Pferd zu Beginn auf der offenen Seite des Zirkels anhalten. Nehmen Sie die Leinen auf, führen Sie die äußere Leine über die Kruppe, und heben Sie die Doppellonge vorsichtig über das Pferd, während Sie auf die andere Seite treten.
- Der Handwechsel in der Bewegung stellt schon recht hohe Anforderungen an den Longenführer. Beim Wechseln aus dem Zirkel empfehlen wir Ihnen, das Pferd anfangs auf der Wechsellinie anhalten zu lassen.
- Bei der Arbeit an der Doppellonge kommt es nicht nur auf die Leinen-

**Auf einen Blick:
Die Grundlagen der
Doppellongen-Arbeit**

führung und auf die Peitschenhaltung an. Wichtiger als technische Details sind sensible, erfahrene Hände und ein hervorragendes Körpergefühl.
- Wer sein Pferd nicht nur auf dem Zirkel arbeitet, sondern das ganze Viereck für das Doppellongen-Training nutzt, kann das Roß wie beim Reiten gymnastizieren und alle Lektionen vom Boden aus überwachen.
- Der Longenführer positioniert sich bei der Arbeit im Viereck seitlich hinter dem Pferd - etwa auf dem zweiten Hufschlag.
- Bei Lektionen wie Schlangenlinien muß der Ausbilder seine Bewegungen und seine Leinenführung gut koordinieren können.
- Für solche Übungen empfiehlt sich eine leichte Peitsche, die man zwischen Daumen und Zeigefinger halten kann.
- Die seitwärtstreibende Wirkung der am Pferdekörper entlanglaufenden Leinen macht es möglich, das Roß auch auf zwei Hufschlägen zu arbeiten. Solche Lektionen setzen aber ein entsprechendes Können des Longenführers und einen fortgeschrittenen Ausbildungsstand des Pferdes voraus.
- Für Doppellongen-Einsteiger sollte das Ziel der Arbeit zunächst darin liegen, das Pferd an den beiden Leinen vorwärts-abwärts zu arbeiten. An schwierigere Übungen wie zum Beispiel das Training über Cavaletti oder Lektionen wie fliegende Galoppwechsel sollte man sich nur heranwagen, wenn man sehr viel Erfahrung in der Doppellongen-Arbeit hat.
- Wenn Sie ein ungerittenes Pferd an der Doppellonge arbeiten möchten, sollte der vierbeinige Schüler zuvor schon mit Ausbindern an der einfachen Longe trainiert worden sein.
- Gerade die Doppellongen-Arbeit mit einem ungerittenen Pferd gehört ausschließlich in die sensiblen Hände eines erfahrenen Ausbilders.
- Das Training an der Doppellonge kann eine wertvolle Hinführung zum Anreiten sein. Aber auch die beste Vorbereitung erspart es Ihnen nicht, Ihr Pferd unter dem Sattel gründlich mit den Gewichts-, Schenkel- und Zügelhilfen vertraut zu machen.

Die Autoren

Sabine Küpper war als Redakteurin für verschiedene Zeitungen und Pferdefachzeitschriften tätig, bevor sie sich als Fotografin und Journalistin selbständig machte. Die erfahrene Ausbilderin von Pferden und Reitern hat bereits mehrere Bücher veröffentlicht. Sabine Küpper lebt in Mülheim an der Ruhr.

Hans Braam sammelte während und nach seiner Ausbildung zum Pferdewirt Zucht und Haltung reichhaltige Erfahrungen mit Pferden. Er arbeitete mit versierten Züchtern, Hengsthaltern und Trainern zusammen. Heute ist er als chemisch-technischer Assistent tätig und unterstützt in seiner Freizeit Reiter bei der Aus- und Weiterbildung ihrer Pferde.

Weiterführende Literatur

- Ursula Bruns, *Richtiger Umgang mit Pferden*, Müller Rüschlikon Verlag
- Ursula Bruns/Linda Tellington-Jones, *Die Tellington-Methode – So erzieht man sein Pferd*, Müller Rüschlikon Verlag
- Udo Bürger, *Vollendete Reitkunst*, Paul Parey Verlag (vergriffen)
- Elwyn Hartley Edwards, *Pferdeausbildung – von der Weide zum Turnier*, BLV Verlag
- Marlit Hoffmann, *Was tun mit jungen Pferden?*, Müller Rüschlikon Verlag
- Reiner Klimke, *Cavaletti*, Franckh Kosmos Verlag
- Reiner Klimke, *Grundausbildung des jungen Pferdes*, Franckh Kosmos Verlag
- *Richtlinien der Deutschen Reiterlichen Vereinigung (FN)*, Band 5 und Band 6, FN Verlag
- Peter Spohr, *Logik der Reitkunst*, Olms Verlag

Sachregister

A

Abstand zum Pferd 21
Abwechslung 26 ff.
Anlehnung 80 ff.
Anlongieren 33 ff.
Anspruchsvolles Longieren 63 ff.
Antreten 18 f.
Arbeit am langen Zügel 74
Arbeit im Viereck 97 ff.
Aufnehmen der Doppellonge 83 f.
Aus dem Zirkel wechseln 93 ff.
Ausbinder 41 f., 56, 58 ff.
Ausgebildetes Pferd 61 ff.
Ausrüstung für die Bodenarbeit 20 ff.
Ausrüstung fürs Longieren 40 ff., 63
Ausrüstung für die Doppellongen-
 Arbeit 82 ff.

B

Bandagen 43
Beizäumung 80 ff.
Bodenstangen 53

C

Cavaletti-Arbeit 53 ff., 65 ff.

D

Doppellonge, richtige Lage 87 ff.
Doppellongen-Arbeit 70 ff.
Doppellongen-Haltung 83 ff.

E

Erholung 26
Erziehung 7 ff.

F

Fahren vom Boden 74
Freilaufen 31 ff.
Führen 13 ff.
Führstrick 20

G

Galopp 39 f.
Gamaschen 43
Gangarten 38 ff.
Ganze Parade 80
Geduld 9
Gerte 17
Gewöhnung an den Sattel 54
Gewöhnung an die Doppellonge 73 ff.
Gewöhnung an die Longier-
 Ausrüstung 44 f.
Grundausbildung an der Hand 12 ff.
Grundgangarten 38 ff.
Gurt 41

H

Halbe Parade 79 f.
Halfter 20
Halle 45
Haltung der Doppellonge 83 ff.
Handschuhe 14
Handwechsel an der Doppellonge 91 ff.
Handwechsel beim Freilaufen 33
Hannoversches Reithalfter 42, 52
Hierarchie 8
Hilfengebung an der
 Doppellonge 75 ff.
Hilfengebung an der Longe 57 ff.
Hilfszügel 67
Hinterhandwendung 23 ff.

J

Junges Pferd 55 f., 102

K

Kappzaum 42, 45
Kappzaum, Longieren mit 48 ff.
Kette 20 f.
Körpersprache 32 ff.
Korrekturpferde 61 ff.

L

Labyrinth 29 f.
Laufferzügel 56, 58 ff.
Leckerli 16
Lernen 9 ff.
Loben 10 ff.
Longe 40 f.
Longenführer 52 f.
Longierbrille 42 f.
Longieren mit Kappzaum 48 ff.
Longieren mit Trense 51 ff.
Longieren, anspruchsvolles 63 ff.
Longiergurt 41
Longierpeitsche 41
Longiertechniken, besondere 66 f.
Longierzirkel 45

P

Paraden 79 f.
Peitsche 41
Plastikplane 30 f.
Position des Longenführers 52 f.

R

Reithalfter 42, 52
Reithalle 45
Reitplatz 45
Rückwärtsrichten 18 f.
Ruhe, innere 51

S

Sattel 54
Schritt 38 f.
Seitengänge 21 ff.
Seitwärtstreibende Hilfen 77
Sicherheitsabstand 21
Stangen 53
Stangen-L 28 f.
Stangen-Viereck 28
Stehenbleiben 14 ff.
Strafen 8, 10 ff.
Strick 20

T

Trab 39
Trailhindernisse 26 ff.
Traversale 25
Treibende Hilfen 77
Treibende Stimmhilfe 78
Treibende Wirkung des Longenführers 78 f.
Trense 42, 45
Trense, Longieren mit 51 ff.

U

Umgang 7 ff.

V

Verhaltende Hilfen 75 ff.
Verkürzen der Doppellonge 84 ff.
Verlängern der Doppellonge 84 ff.
Veschnallung der Longe 66 f.
Volltraversale 25
Vorhandwendung 22 f.

Reiter- und Fahrerbibliothek

Einige Titel aus dieser Reihe:

Draper, Judith
Besser Springreiten
DM 29,80 • sFr. 29.80 • öS 218,–
ISBN 3-275-01202-9

Fry, Laura
Besser Dressurreiten
DM 29,80 • sFr. 29.80 • öS 218,–
ISBN 3-275-01201-0

Hölzel, Petra & Wolfgang
**Das Kleine und
das Große Hufeisen**
Vorbereitung auf die praktische
und theoretische Prüfung
DM 29,80 • sFr. 29.80 • öS 218,–
ISBN 3-275-01210-X

Küpper, Sabine / Braam, Hans
**Pferde-Training
an der Longe**
DM 29,80 • sFr. 29.80 • öS 218,–
ISBN 3-275-01224-X

Schusdziarra, Heinrich & Volker
Reitergespräche
Der Weg zum unabhängigen Sitz
DM 19,80 • sFr. 19.80 • öS 145,–
ISBN 3-275-01132-4

Storl, Werner:
**Die Ausbildung
des jungen Pferdes**
DM 26,– • sFr. 26.– • öS 190,–
ISBN 3-275-01144-8

Dressur von A nach L
DM 29,80 • sFr. 29.80 • öS 218.–
ISBN 3-275-01208-8

Musik zum Reiten
DM 29,80 • sFr. 29.80 • öS 218.–
ISBN 3-275-01145-6

So lernt man reiten
DM 26,– • sFr. 26.– • öS 190,–
ISBN 3-275-01146-4

**Müller Rüschlikon
Verlags AG**
Gewerbestrasse 10
CH - 6330 Cham

Tel. ++41 (0)41 740 30 40
Fax ++41 (0)41 741 71 15

Setzen Sie auf's richtige Pferd!

CAVALLO ist da!

Die neue Zeitschrift für Menschen, die mit Freude reiten und Pferde lieben.

Die keine Turnier-Ergebnisse lesen möchten. Sondern wissen wollen, wie man mit einem Pferd umgeht, wie man es aufzieht, füttert, pflegt oder erzieht. Oder wie man besser reitet.

CAVALLO kostet 6,50. Testen Sie das Heft! Wir schicken Ihnen gern ein Gratisexemplar zum Schnuppern und Kennenlernen.
Postkarte oder Fax schicken.
Oder einfach anrufen.
CAVALLO, Scholten Verlag,
Postfach 103743, D-70032 Stuttgart,
Tel. (0711) 210 80 78, Fax 236 04 15